文化视野下
高校思想政治教育实践研究

刘珥婷 著

哈尔滨工程大学出版社
Harbin Engineering University Press

内容简介

本书在对文化和高校思想政治教育进行理论分析的基础上，从中华优秀传统文化、红色文化、校园文化、网络文化等几个方面讨论了文化视野下的高校思想政治教育实践，以期抛砖引玉，为高校思想政治教育创新发展提供参考，以推动高校思想政治教育改革，为社会主义文化发展、繁荣做出贡献。

本书可作为高校相关专业的教材，也可作为文化与思想政治教育研究者的参考书。

图书在版编目(CIP)数据

文化视野下高校思想政治教育实践研究/刘珥婷著.—哈尔滨：哈尔滨工程大学出版社，2023.3
ISBN 978-7-5661-3773-9

Ⅰ.①文… Ⅱ.①刘… Ⅲ.①高等学校-思想政治教育-教学研究-中国 Ⅳ.①G641

中国国家版本馆 CIP 数据核字(2023)第 020771 号

文化视野下高校思想政治教育实践研究
WENHUA SHIYEXIA GAOXIAO SIXIANG ZHENGZHI JIAOYU SHIJIAN YANJIU

选题策划　马佳佳
责任编辑　章　蕾
封面设计　李海波

出版发行　哈尔滨工程大学出版社
社　　址　哈尔滨市南岗区南通大街 145 号
邮政编码　150001
发行电话　0451-82519328
传　　真　0451-82519699
经　　销　新华书店
印　　刷　黑龙江天宇印务有限公司
开　　本　787 mm×1 092 mm　1/16
印　　张　8.25
字　　数　223 千字
版　　次　2023 年 3 月第 1 版
印　　次　2023 年 3 月第 1 次印刷
定　　价　48.00 元
http://www.hrbeupress.com
E-mail:heupress@hrbeu.edu.cn

前　言

自进入 21 世纪以来,全球范围内的"文化情结"都以不同的形式悄然兴起,文化反思和建构被人们日渐关注。文化研究属于特殊的研究范式,具有明显的发展性、综合性。思想政治教育研究属于文化研究的组成部分,在研究中应该完成文化、政治与经济间的相互交汇和沟通。从文化的角度探索高校思想政治教育问题,可以帮助研究者更加深入、系统地剖析思想政治教育的概念与实质,促进高校思想政治教育紧密结合学生自身发展规律不断实践与进步。

本书共包括六章,第一章对文化的内涵、特征及功能进行了概述;第二章对高校思想政治教育的内涵、特征、理念、内容与方法进行总结概括;第三章对中华优秀传统文化与高校思想政治教育进行了分析;第四章对红色文化与高校思想政治教育进行了阐述;第五章对校园文化与高校思想政治教育进行了分析;第六章对网络文化与高校思想政治教育进行了论述。

本书由四川文化传媒职业学院的刘珥婷编写。在编写的过程中,本书参考了诸多同类论著,借此机会向这些论著的作者表示由衷的感谢。由于著者水平和经验有限,内容难免存在错误,希望诸位专家、学者、同行、读者予以指正和批评。

著　者
2023 年 1 月

目　　录

绪论 ·· 1

第一章　文化概述 ·· 6
　　第一节　文化内涵 ·· 6
　　第二节　文化的特征及功能 ·· 9
　　第三节　以文化育人的方法和载体 ··· 13

第二章　高校思想政治教育概述 ·· 22
　　第一节　高校思想政治教育内涵与特征 ·· 22
　　第二节　高校思想政治教育理念 ·· 24
　　第三节　高校思想政治教育内容 ·· 26
　　第四节　高校思想政治教育方法 ·· 31

第三章　中华优秀传统文化与高校思想政治教育 ······························· 42
　　第一节　中华优秀传统文化概述 ·· 42
　　第二节　中化优秀传统文化与高校思想政治教育的融合 ················ 49
　　第三节　中化优秀传统文化应用于高校思想政治教育实践 ············ 57

第四章　红色文化与高校思想政治教育 ·· 64
　　第一节　红色文化概述 ··· 64
　　第二节　红色文化的思想政治教育基因谱系和时代价值 ················ 69
　　第三节　红色文化应用于高校思想政治教育实践 ·························· 78

第五章　校园文化与高校思想政治教育 ·· 85
　　第一节　校园文化概述 ··· 85
　　第二节　校园文化在思想政治教育中的作用 ································· 92
　　第三节　校园文化应用于高校思想政治教育实践 ·························· 94

第六章　网络文化与高校思想政治教育 ·· 102
　　第一节　网络文化概述 ··· 102
　　第二节　网络文化对高校思想政治教育的影响 ··························· 106
　　第三节　网络文化应用于高校思想政治教育实践 ························ 112

结语 ·· 123

参考文献 ··· 124

绪　论

一、新形势下高校思想政治教育环境的新变化

（一）国际形势的新变化给高校思想政治教育带来了新契机

和平与发展已经成为现代社会的主题,这个主题为我国集中精力强化综合国力,实现经济、文化和社会建设的全面发展提供了契机与外部环境。但我国的发展并不是一帆风顺的。在国际政治、经济和文化多极化发展的背景下,信息技术的高速发展极大地影响了国际政治、经济关系。与传统国际关系相比,世界各国和各个经济主体之间的竞争日趋白热化,表面上看是科技的竞争,实质上是以经济实力为基础的综合国力及国家文化的竞争。民族的就是世界的,我国要在和平与发展的主题下,积极参与到世界竞争中,在与世界各国进行经济、文化交流的同时,采取有效措施,保护、传承我国优秀传统文化。

历史经验告诉我们,我国要发展,改革开放的基本国策不能动摇,改革开放是中华崛起的必经之路。在对外开放的过程中,与世界各国的文化交流也是必要的内容。正常的文化交流活动有利于我国文化事业的繁荣,也有利于文化强国的实现。高校是文化思想的聚集地,大学生在文化传播中扮演着重要角色。作为我国发展的后备力量,大学生对我国未来的发展有着至关重要的作用。

（二）国内形势的巨大变化给高校思想政治教育布置了新任务

改革开放的四十多年,我国经济、文化和社会各领域发生了翻天覆地的变化,综合国力有了质的提升,经济持续增长,社会不断进步,人民群众生活总体上达到了小康水平。人们对什么是社会主义、怎样建设社会主义,有了更加深刻而科学的认识。在我国物质生活水平不断提高的情况下,人民群众的精神文化需求日益增强,而对于具有活跃思想的大学生来说更是如此。基于此,怎样根据大学生的个性特点和实际需求,进行思想政治教育改革,在切实满足大学生精神文化需求的同时,提升高校思想政治教育质量,是现阶段高校思想政治工作亟待解决的问题。有效引导高校师生树立正确的思想观念和价值体系,科学看待我国的实际国情和发展中遇到的问题,理解我国社会主义建设的长期性和复杂性,用宏观的思维去看待我国在发展中所付出的努力和采取的措施,主动投入到社会主义建设中,是现阶段高校思想政治教育的核心任务。

在市场经济机制逐渐深入人心的背景下,我国人民群众的竞争意识逐渐增强。对高校大学生而言,市场经济亦对他们的思想产生了深远影响。

第一,在市场经济竞争环境的影响下,高校大学生的创新精神和进取意识得以加强。为适应社会的发展,高校大学生不仅强调社会和集体的利益,也更加注重自我发展,具有较强的主体意识和竞争意识。但与此同时,也有一些学生存在自律性较差、诚实守信等道德规范缺乏、责任感缺失等问题。

第二,在市场经济背景下,高校大学生逐渐形成求真务实的价值理念,积极投身到学习实践和社会实践中,处事以事实为依据。但也有部分学生在学习、生活中爱走捷径,注重个人利益,忽视社会利益,缺乏社会责任感,重短期利益,只想着个人取得成功。

第三,在市场经济背景下,高校大学生乐于接受新思想、新事物,善于接受新的科技成果和文化成果,这对于我国经济、文化和社会各领域的发展具有很大的推动作用。然而,也有部分学生盲目追求物质利益,忽视精神、文化的培育,在消费理念上崇尚超前消费,价值观错位,给自身甚至是家庭带来伤害。

综上所述,在市场经济机制日趋成熟的今天,社会经济成分、组织形式、就业方式、利益关系和分配方式日益多样化,人们思想活动的独立性、选择性、多变性和差异性日益增强。这有利于高校大学生树立自强意识、创新意识、成才意识、创业意识。但是在这个过程中高校大学生的思想理念也深受影响,特别是其价值观念出现多样性,因此有必要对高校思想政治教育提质增效,对高校大学生的思想观念进行正确的引导。来自教育部连续 15 年在京、津、沪、鄂、粤、陕、苏、赣 8 省市 74 所高校开展的高校大学生思想政治素质调研发现,现阶段大学生思想政治观念出现了很多新的变化:高校大学生学政治、关心政治和懂政治的比例不断上升,很多大学生在政治上表现趋于成熟,但在纵深政治理念方面的认识还较为局限和模糊;高校大学生追求思想独立,善于思考,创新精神较强,对于互联网的使用频率较高,信息获取能力强,但是面对数量庞杂、真假难辨的网络信息,其表现出辨别能力不足和自控力较差的问题;大学生对自我价值实现的需求特别高,注重自主发展,有意愿和能力进行自我提升,但是在竞争激烈的外部环境影响下,部分大学生容易产生浮躁、急躁的心态。

因此,充分了解大学生的新特点和需求,及时把握由于改革开放带来的利益调整而对大学生思想观念的影响,通过思想政治教育来对大学生进行潜移默化的引导,是现阶段高校思想政治教育研究的重大课题。

(三)信息技术特别是网络技术的发展给高校思想政治教育带来新挑战

信息技术的高速发展,特别是互联网和移动终端的普及,给高校思想政治教育带来了新的挑战。在移动互联网时代,每个人都成了媒介中心,仅需要一部手机就可以随时随地进行信息接收、传播,这极大地改变了高校大学生的生活和学习方式,同时对高校大学生的思想理念也产生了巨大而深远的影响。现阶段,高校大学生已经成为网络的主要用户群体,其通过网络来获取信息,获取教学资源,进行自主学习,表达自己的思想和情感,进行社交活动等。这拓宽了大学生学习的渠道,给大学生提供了丰富的学习资源,也有利于及时解决大学生在学习中遇到的问题,打破了传统教学的时空限制,促进了高校教育的发展,同时,也给高校思想政治教育的发展带来了契机。利用互联网的交互性、共享性等特点,能为高校思想政治教育提供丰富的教育资源,有助于大学生实时了解社会热点;利用大数据、人工智能等方式,教师可以准确把握大学生心理,有针对性地开展个性化的思想政治教育;还可以进行思想政治教育教学方法创新,提升大学生的学习积极性,将理论与实践结合,提高思想政治教育的实践性。但需要指出的是,信息技术的发展也给高校思想政治教育带来了巨大的挑战。

1. 互联网上的不良信息对大学生身心健康的伤害问题

自媒体时代的到来使得网络信息呈爆炸式增长,各类信息层出不穷,其中包含了大量的负面言论、色情、暴力等不良信息。而大学时期是大学生价值观的成熟时期,不良信息必然会对大学生的心理造成不良影响,并且大学生沉迷于网络也会损害其身心健康。调查显示,当今互联网上仅色情网站就超过50万个,并且其链接广泛分布在其他信息中,当大学生在阅览信息时,很容易误点不良信息,甚至是不良信息主动弹出。大学生如果自律性不强,很容易受到网络不良信息的侵害。实际上,很多大学生都是网络不良信息的受害者,部分大学生沉迷于网络而耽误学业,甚至有部分学生受不良网络信息侵害导致价值观扭曲,走上犯罪的道路。

2. 坚持网络阵地的正确舆论导向

传统媒体时期,党和国家通过电视、报纸等作为喉舌功能进行舆情引导,取得了较好的效果。然而在移动互联网时代,各类新媒体平台层出不穷,同时每个人也成为媒介中心,个人信息很容易转化为社会信息;而且网络具有匿名性的特点,个人在现实社会中的不良情绪往往在互联网中爆发,形成负面的和不实的信息传播,这都给舆情引导带来了很大的挑战。如果依靠传统舆情引导机制,必然无法满足新媒体背景下的舆情导向需求。

3. 网络道德行为失范问题

当今在现实社会中已经形成了一套行之有效的道德运行机制,通过社会舆情来引导大学生的行为,效果较好,大学生也普遍遵守社会道德。但在网络世界中,由于网络虚拟性和匿名性的特点,部分自控力较差的大学生在有负面情绪时,会发布不良言论、虚假信息等进行宣泄,甚至为了蝇头小利而触犯法律。因此,根据自媒体时代网络发展特点和大学生心理特征,积极地研究网络舆情引导方法和网络道德规范方法,是国家需要解决的事情。

研究人员对当代大学生道德状况调查发现,在大学生群体中传统的道德仍然具有巨大的价值,并体现在大学生的学习、生活中,根植于当代大学生的思想理念之中。现阶段的高校大学生重视传统文化和传统道德,并且传统道德处于大学生思想信念的基础位置,是形成当代大学生思想体系的根基。然而,传统道德体系在与市场经济进行四十多年的碰撞和融合发展后,已经不具有完整的规范体系,无法对大学生各方面进行指导。因此,在面临道德困境和道德选择时,高校大学生一方面倾向于从传统道德中寻找道德依据,另一方面从与市场经济融合的道德规范中寻找问题解决之道。基于此,现阶段大学生的思想道德体系中既具有传统道德的核心内容,也具有新的时代特征。

(一)大学生对道德社会功能的认识经历了道德功能强大论到道德功能否定论,再到道德功能的适度功能论的螺旋式上升发展过程

在改革开放以前,计划经济一体化、共享性主导了这一时期大学生的道德行为。然而在市场经济时期,传统的思想道德观念遭到质疑。市场经济体系不仅作为一种经济体制被引进我国,而且其中所蕴含的价值理念和价值标准也深深地影响着我国民众,改变着大学生的思想道德取向。在刚实行市场经济时,社会大众普遍认为市场经济理念与传统道德是对立的关系,以高效率和结果导向的市场经济表现出利己主义、忽视集团利益的特点,造成社会道德的败坏,缺乏基本的诚信,而随着市场经济的发展,人们逐渐认识到市场经济与思想道德可以融合发展,而大学生也逐渐认识到市场经济与思想道德观念既对立又统一,要在对立中实现融合发展,诚信意识也得到了增强。

(二)随着生活与发展空间的不断扩展,大学生获得了相对更多的个人自由,他们独立去面对各种道德环境,自主抉择的机会不断增多

传统道德强调约束性,要求大学生该如何做,大学生只是盲目遵从,知其然不知其所以然。在新时代背景下,传统道德对大学生的约束力逐渐下降,大学生在思想道德实践中不再满足于被动地接受道德规范,而是对道德规范背后反映的价值进行积极探索、实践,善于思考为何如此进行道德规范,对个人、社会的意义是什么,善于利用现有知识体系和道德知识进行道德规范成因挖掘,从而再判断是否按照道德规范的要求行事,其后才用道德规范来约束自己的行为,提升自己的道德能力,这标志着大学生思想道德从盲从发展到理性判断阶段,思想道德观念日趋成熟。

三、文化视野下高校思想政治教育研究的意义

自文化视角研究高校思想政治教育,需要探讨思想政治教育的文化特征、文化种类及文化创新等问题,这一过程也是对文化追根溯源的过程。从文化视角研究高校思想政治教育,是希望可以达到思想政治教育研究的文化自觉。

著名社会学家费孝通认为,文化自觉属于现代社会的要求,其含义是生活在特定文化环境中的人对相应文化存在自知之明,同时可以全面把握这一文化的发展轨迹与未来走向。也就是说,可以将文化自觉视为在全人类范围内倡导和而不同理念的实际体现。从费孝通的理论中可知,其以文化共存为出发点,通过文化自觉讨论中国文化在新时代扮演的角色及承担的使命,在其看来全人类都处于全球化时期,因此全球文化也应遵循相互认同、学习与共存的原则,人类学需要服务于文化的个性之美与整体之美,这与中华优秀传统文化中的"和而不同"及"天人合一"思想相契合。哲学学者汤一介也基于费孝通的文化自觉理念,进一步探讨文化交流的意义,并提出阐释学理论。此处提及的文化自觉和费孝通、汤一介两位学者观点中的文化自觉概念相同,但是更注重理论研究的层

面。从文化视角探讨高校思想政治教育,属于人类自觉反思与建构在思想政治教育中的表现之一,可以把思想政治教育的文化研究视为其文化自觉。笔者认为,从文化视角分析高校思想政治教育,可以有效提高人们对思想政治教育问题的深刻认识,帮助人们更全面地掌握该问题的发展规律,进而更自觉地展现出其实际作用。

第一章 文化概述

第一节 文化内涵

一、文化的概念界定

"文化"是中国语言系统中古已有之的词汇。"文"的本义为文身,古人用"文"表示各色交错的纹理。《周易·系辞下》载:"物相杂,故曰文。"《礼记·乐记》称:"五色成文而不乱。"《说文解字》称:"文,错画也。象交文。"以上均指此义。在此基础上,"文"又有若干引申义。其一,包括语言文字在内的各种象征符号,进而具体化为文物典籍、礼乐制度。《尚书·序》所载:"伏羲画八卦,造书契,由是文籍生焉。"《论语·子罕》所载,孔子说:"文王既没,文不在兹乎。"都是这个意思。其二,由伦理之说导出彩画、装饰、人为修养之义,与"质""实"对称,所以《尚书·舜典》疏曰:"经纬天地曰文。"《论语·雍也》称:"质胜文则野,文胜质则史。文质彬彬,然后君子。"其三,在前两层意义之上,更导出美、善、德行之义,这便是《礼记·乐记》所谓"礼减两进,以进为文",郑玄注"文犹美也,善也",《尚书·大禹谟》所谓"文命敷于四海,祗承于帝"。

"化",本义为改易、生成、造化,如《庄子·逍遥游》载:"化而为鸟,其名曰鹏。"《周易·系辞下》曰:"男女构精,万物化生。"《黄帝内经·素问》载:"化不可代,时不可违。"《礼记·中庸》载:"可以赞天地之化育。"等等。归纳以上诸说,"化"指事物形态或性质的改变,同时"化"又引申为教行迁善之义。

"文"与"化"并联使用,较早见之于战国末年儒生编辑的《周易·贲卦·彖传》:"刚柔交错,天文也。文明以止,人文也。观乎天文,以察时变;观乎人文,以化成天下。"这段话里的"文",即从纹理之义演化而来。日月往来交错文饰于天,即"天文",亦即天道自然规律。同样,"人文",指人伦社会规律,即社会生活中人与人之间纵横交织的关系,如君臣、父子、夫妇、兄弟、朋友,构成复杂网络,具有纹理表象。这段话是说,治国者须观察天文,以明了时序之变化,又须观察人文,使天下之人均能遵从文明礼仪,行为止其所当。在这里,"人文"与"化成天下"紧密联系,"以文教化"的思想已十分明确。

西汉以后,"文"与"化"方合成一个整词,如"文化不改,然后加诛"(《说苑·指武》),"文化内辑,武功外悠"(《文选·补之诗》)。这里的"文化",或与天造地设的自然对举,或与无教化的"质朴""野蛮"对举。因此,在汉语系统中,"文化"的本义就是"以文教化",它表示对人的性情的陶冶、品德的教养,本属精神领域之范畴,但随着时间的流变和空间的差异,"文化"逐渐成为一个内涵丰富、外延宽广的多维概念,成为众多学科探究、阐发、争鸣的对象。

在西方,文化一词是从拉丁语 cultura 转化而来的。cultura 的含义虽然很多,诸如土地耕种、动植物培育、神明祭祀及人的精神修养等,但从总体上看,文化应该是指人类的创造行为。到了中世纪,文化开始有了物质文化和精神文化的区分,人们已开始重视精神上的文化,如宗教活动等。随着时代的发展,文化一词常被人们泛用,有时它与文明相通,相互替代。

《现代汉语词典》(第7版)对"文化"一词的解释是:"①人类在社会历史发展过程中所创造的物质财富和精神财富的总和,特指精神财富,如文学、艺术、教育、科学等。②运用文字的能力及一般知识。③考古学用语,指同一个历史时期的不依分布地点为转移的遗迹、遗物的综合体。同样的工具、用具,同样的制造技术等,是同一种文化的特征,如仰韶文化、龙山文化。"

文化作为人类社会的现实存在,具有与人类本身同样古老的历史。在文化的创造与发展中,主体是人,客体是自然,而文化便是人与自然、主体与客体在实践中的对立统一物。这里的"自然",不仅指存在于人身之外并与之对立的外在自然界,也指人类的本能、人的身体的各种生物属性等自然性。文化的出发点是从事改造自然、改造社会的活动,进而也改造自身——实践着的人。人创造了文化,同样文化也创造了人。这如同是一块天然的岩石不具备文化意蕴,但经过人工打磨,便注入了人的价值观念和劳动技能,从而进入"文化"范畴。因此,文化的实质性含义是"人化"或"人类化",是人类主体通过社会实践活动,适应、利用、改造自然界客体而逐步实现自身价值观念的过程。这一过程的成果体现,既反映在自然面貌、形态、功能的不断改观,更反映在人类个体与群体素质(生理与心理的、工艺与道德的、自律与律人的)的不断提高和完善。由此可见,凡是超越本能的、人类有意识地作用于自然界和社会的一切活动及其结果,都属于文化,或者说,"自然的人化"即文化。

二、文化的内涵

文化内涵丰富,具体体现为精神、信仰和思想、价值观、知识。

(一)文化的核心和主体是精神

文化自人类社会产生而存在,精神构成人类文化发展的核心和根基。文化是一种精神,它是推动人类向前发展的动力,是造就人类文明的精神源泉,与人类社会发展历程相互交融。正是人类对于文明的不断追求造就了博大精深的物质和精神文化,物质现象背后彰显着人类的精神诉求,这是文化的价值所在,是文化长盛不衰的机要之处,精神是文化的主体,在文化发展演进过程中发挥着核心作用。对于人而言,这种精神正是人对于自我生命与生存的追求,是对于人的价值的肯定。

（二）文化具有独特的实在性，即信仰和思想

信仰是一种精神力量，人类在社会实践过程中始终包含着对信仰的追求，这是人类实践的基本动力。信仰体现为对于目标的执着追求，体现为对于自身目的的实现愿望。信仰不仅是一种精神力量，更是在人类社会的发展中推动作为个体的社会成员和社会整体朝着不断完善的目标前进。思想是人类精神的表达，是人类智慧的凝结，展现着人类社会的进步和人类文明的成果。科学的思想推动着社会的进步，不断指导着人类社会的实践。

（三）文化包含价值观

价值观是人对于外在客观事物的价值衡量。价值观是具体的、从属于精神，是与历史发展、社会发展有关的人类思想状态。一般来说，价值观属于文化的重要层次。因为价值观的基本内涵就是价值，是一个人、一个社会、一个民族或一个国家判断对与错、好与坏的基本观念。文化的特殊性和差异性主要是由价值观决定的。美国人类学教授哈维兰认为："文化是不可见的行为，是人们用以解释和导致行为所反映的价值观和信仰"。塞缪尔·亨廷顿更是直接指出："从纯文化的角度界定文化的含义，它是一个社会中的价值观、态度、信念、取向以及人的普遍特有的见解。"梁启超于1922年写过一篇《什么是文化》的文章，他对文化的解释是："文化者，人类心能所开释出来的有价值的共业也。"心能是智慧，价值是观念，智慧创造出来的物质和精神产品，最终还体现在价值上。不同民族的文化，有不同的价值观；同一民族的文化也有价值观的差异性。中华民族精神反映出来的价值观在文化中的地位十分重要，它决定着文化的主流方面，是人的行为的文化动因，甚至对于一个国家和民族发展具有根本性的作用，特别是在发展当代中国先进文化中，要注重价值观的导向力量。

（四）文化是知识

文字符号是知识的载体，知识是文化的载体。日本筑波大学研究会认为，文化由行为、价值、语言、信仰、知识等要素构成，显然也是把文化作为精神文化来研究。知识隐含着认识、思维和创造，也蕴含着传承和变革。知识无国界，体现了文化的普世性。所谓知识是人类进步的阶梯，知识就是力量，也就是文化力。知识是人类历史传统和认识活动的积累、结果和总结，正是知识将文化的精神、文化的价值观与社会的物质层面和制度层面连为一体。人类的所有实践活动都是由知识来反映、体现、记载、组合、保留和传播的。人类文化的发展、人类精神的力量、人类价值观的变革都需要知识。知识作为一种精神和智慧的力量之源，对于一个国家和民族是最为根本与持久的力量。之所以把文化作为综合国力的重要因素，是因为知识的吸收、借鉴和创新是发展的重要战略。

三、文化的分类

从性质和特点方面进行分类，文化可分为物质文化、制度文化、行为文化和精神文化。

（一）物质文化

物质文化，指满足人类生活和生存需要所创造的物质产品及其所表现的文化。如与人类衣、食、住、行相关的服饰、饮食、居住及交通等文化都属于物质文化的范畴。

（二）制度文化

制度文化，也称社会文化，是人类处理个体与他人、个体与群体之间关系的文化产物，包括人际关系和规范化了的社会制度及实施这些制度的组织机构，主要表现为各种各样的制度，如政治、经济、文化、教育、军事、法律、婚姻等制度。

（三）行为文化

行为文化，指以语言、礼俗、仪容、动作等形态出现的行为模式，是心理文化的直接显示。行为文化反映的是人的心理状态。不同民族虽表达同样的心理状态，但采取的行为可能差别较大。如表示"友好、欢迎"等意义，东方的一些民族一般是握手或点头、微笑等行为，而西方一些民族则是拥抱、亲吻等。

（四）精神文化

精神文化，指由人类在社会实践和意识活动中长期育化出来的价值观念、思维方式、道德情操、审美趣味、宗教情感、民族性格等因素所组成，具体指的是思维活动和精神活动，反映的是人与自身的关系，即人的内心世界。精神文化是文化整体的核心部分。精神文化领域居于最高的"势位"，具有极强的"传播势能"。

在文化的系统结构中，物质文化、制度文化、行为文化是文化的外层，精神文化是文化的内层，而思维方式、价值观念则是精神文化的深层底蕴，是精神文化最根本、最核心的东西。

第二节 文化的特征及功能

一、文化的特征

文化是一个十分广义的范畴，其不是凭空而来的，是在漫长的人类发展史中不断形成并不断发展的,其自身具有一定的内在属性和外在特点。

(一)文化的内在属性

1. 社会性

社会性是文化的最基础属性。人与人及人与自然的关系是文化的两大渊源。任何文化从本质上看都是为了认识、处理、协调好这两大关系,即人是什么、人如何与自然相处、人如何与人相处,而且最终一切都以人与人之间、人与自然之间的关系表现出来。所以说,文化是一种社会现象,是人类长期创造形成的产物。文化伴随着人类的产生而形成,并不断得以发展,具有一定的社会性。

2. 依附性

文化不是一个可以独立存在的事物,它总是通过某一物质表现出来。这就决定了文化的依附性,我们认为这也应该是文化的一种载体性。物质文化的依附性很容易被人理解,精神文化的依附性不易被理解。其实,人类的精神文化一定程度上是依附神经细胞的,并通过神经细胞这一载体传导而体现出来。

3. 开放性

任何一种文化都不是封闭的,都会以某种形式表现出来。因此,文化是属于世界的,是属于全人类的,是人类共有的财富,这正是由文化的开放属性决定的。

4. 包容性

文化的包容性,主要是指文化具有宽容和容纳的性质,能海纳百川。多样文化可以交汇存在,可以同时共存。即使文化之间发生碰撞,最终都会被某一文化所融合。文化的包容性使一种文化把外来的文化同化到原有的文化中并得以发展。

(二)文化的外在特点

1. 阶级性

文化的内在社会属性,决定了文化外在的阶级性,决定了文化的外在表现形式具有阶级性特点。不同的社会,不同的阶层,甚至不同身份的人,都会对事物产生不同的立场。当今社会,文化的阶级性更多的是体现在意识形态领域。文化的阶级性在一定程度上决定了文化的导向性。

2. 多样性

人类社会的丰富多彩,必然会创造出丰富多彩的文化。人类社会有不同的种族、不同的语言、不同的肤色、不同的地域、不同的信仰、不同的思维、不同的行为方式和不同的生活习惯等。人类创造的辉煌灿烂的文化决定了文化存在形式的多样性。人类文化资源宝库的丰富,给人类带来了丰富多彩的文化享受,也营造了多姿多彩的世界。文化多样性是文化交汇的前提。

3. 差异性

世界上没有两片完全相同的树叶,文化亦是如此。每个人对事物的认识和表达存在着差异性,同一个事物在不同人眼里会有不同的感受,这决定了文化具有差异性。同一种文化本身也存在着差异性,如服饰文化、影视文化等。

4. 传续性

文化可以通过人类创造的交流符号,如语言、文字、图画、符号等,得以学习、交流和传承。如果文化能得到下一代的认同并共享上一代的成果,那么,文化就得以传续。中华文化五千年的历史,就是文化传续性的最好证明。

二、文化功能及表现形式

文化的育人功能主要是指文化在育人方面发挥的积极作用。

(一) 引领功能

文化的引领功能是指文化可以为人们的行动提供方向和可供选择的方式。通过对所处文化的觉察,行动者可以知道自己的何种行为在对方看来是适宜的、可以引起积极回应的,并倾向于选择有效的行动,这就是文化对行为的导向,继而利用这一导向作用,在育人过程中通过建立、传播某种价值观、行为规范等,来实现文化的引领功能。

(二) 教育功能

文化是特定社会中的一整套知识、价值观、习俗、信仰、艺术等要素组成的一个体系,这一体系往往具有一定的目的性。文化通过体现着某种价值观的传统、习俗等文化体系对人加以影响,为人提供相对稳定的沟通方式和评判标准,使个人和群体在价值取向、行为方式上呈现出某种倾向性,以实现文化的教育功能。文化通过"化人",使个人习得知识技能、社会规范、民俗习惯,形成良好的品德修养,具有合乎规范的行为。

(三) 凝聚功能

党的十七大报告指出:"文化越来越成为民族凝聚力和创造力的重要源泉。"这充分体现了文化的凝聚功能。文化是一个国家发展的积淀,是民族精神的集中体现。它能吸引、团结一个国家或一个民族的所有成员而形成合力。

文化的凝聚作用主要体现在以下两个方面。

(1)在未形成一个国家或一个民族的共同目标或旧的目标已经实现,新的目标尚未产生之时,通过文化的作用可以使共同的目标形象化、具体化,吸引和引导人民群众在主体核心价值观的统领下,把个体目标与共同目标结合起来,达到个体目标与共同目标的统一、需要与满足的统一。

(2)当个体向心力产生偏差时,起到统一、规范的作用。人自一出生起,就会不断接受其所处的文化环境、文化规范、文化模式的影响。符合这一环境、规范、模式的行为就会得到习俗、道德、舆论等的肯定和接纳;反之,就会受到制约或谴责,使它们回归规范,重新产生向心力,进而达到强化群体凝聚力的目的。

(四)激励功能

文化的激励功能是指文化本身所具有的通过各组成要素来激发人的动机与潜在能力的作用,它属于精神激励的范畴。

文化是人的思想成熟的一种产物,当人们面临的环境发生改变时,两种不同的生存环境的交叠产生了新的文化。在人类不断适应环境的同时,人类对文化的认知水平也在不断地深入,当人们对文化的理解到达一定的思想高度,便开始通过自己的双手改造自己的生存环境。从原始社会到封建社会,文化的繁荣极大地推进了社会的发展,也导致了朝代的变迁和更替。从小农经济的男耕女织的农耕文化到人民理想中的先进文化的大同社会,这无疑是文化发展激励人类不断追求美好生活的典型。俄国十月革命一声炮响给中国送来了马克思列宁主义,于是接受了先进文化的进步青年开始了中国道路的探索,星星之火终成燎原之势,拯救国家于危难之中。这是文化的力量,激励着人们为自由和解放而战;激励着人们敢于和黑暗势力斗争;激励人们朝着更美好的时代不懈努力奋斗。大学校园中选树的先进典型人物或事迹,在一定意义上就是激励先进典型继续保持先进,同时激励他人向先进典型学习。

(五)熏陶功能

文化在育人作用的发挥上,往往是潜移默化、润物无声的,这就是文化的熏陶功能。文化的熏陶功能往往体现在文化氛围的营造上。中国自古以来被称为礼仪之邦,源于中国百家文化的熏陶。在不同时代,中国人接受着不同风格的文化熏陶。我们在唐诗中看到了诗人的浪漫主义情怀,在宋词中品读了词人淡淡的离殇,在元曲中感受了主人公的情感的跌宕起伏……优秀传统文化的道德准则在众多的文学、艺术中浸润和渗透着,形成了不同时代的独特文化气息,又串起了不曾中断的文化线条。

(六)塑造功能

文化会逐渐改变一个人、一个群体或一个社会,这就是文化的塑造功能。人类创造了文化,并使文化不断发展繁荣。文化不断塑造人类,并使人类不断走向新的文明。人类不断创造、发展着文化,文化也在不断塑造、影响着人类。文化能丰富人的精神世界,能增强人的精神力量。伟大、高尚的精神可以实现对一个人的塑造。优秀的文化作品、高尚的人格品德等,总能以其特有的魅力感染、感召、激励着人们,使人们深受震撼,从而力量倍增,成为照亮人类心灵的火炬、引领人类前进的旗帜。这种力量,往往经久不衰,给人一种积极向上、奋发进取的能量,使人类朝着实现这个伟大目标而不懈奋斗。

第三节 以文化育人的方法和载体

一、历史维度上思想政治教育以文化人的方法

思想政治教育在实践活动中形成了丰富的方法体系,按照其一般过程,可以分为"认识方法、实施方法、调节评估方法"等,在历史维度上讨论思想政治教育以文化人的方法,指的是长期以来思想政治教育实践活动过程中的具体实施方法,即传统德育中的教化、日常思想政治教育中的群众路线、疏导结合、情理交融、典范教育、自我转化等多种方法。这些方法上的历史经验和优良传统更多地体现了思想政治教育"化人"的功能,是思想政治教育目标得以实现的关键所在,也是思想政治教育以文化人的功能所依。

(一)以文化人、化民成俗的教化方法

教化属于我国古代思想政治教育的重要方法,是指儒家所提倡"政以体化、教以效化、民以风化"。在古代,教化作为一项重要的基本国策,完成了政治家用以"正风俗、治国家"的使命。《礼记·经解》有云:"故礼之教化也微,其止邪也于未形。"中国古代的教化主要体现为拥有一套完善的"礼仪之邦"社会教化体系,这种教化一般体现在以下两个方面。

1. 伦理的教化,目的在于追求"内圣外王"的境界

孔子认为仁者即爱人,还曾说过:"仁者,义之本也。""唯仁人能好人,能恶人。"实质上,孔子关于"仁"的论述,是以"君子"的道德修为及修身为核心的。此外,孟子认为人的内心之中可以生发出仁、义、礼、智的道德善念,并且这种善念可以推己及人,基于"性本善"的角度,他提出政治之道即为人之道,也就是仁义之道,而仁义之道即孝悌之道,"教化"就是这种孝悌之道的直接源泉。在中国古代思想政治教育中,思想家们积极弘扬仁爱精神,并以此来推动道德教育,可以说,"仁"既是一种政治道德观念,又是一种主体人格修养;既是一种审美理念,又是一种社会理想。

2. 政治的教化,目的在于实现"化民成俗"的态势

在中国古代,对于和谐社会的构建,圣贤先哲与政府部门有着截然不同的观念,政府当局一般采取行政管理甚至是刑法刑罚的高压威逼,而圣贤先哲们则认为道德教化对于和谐稳定社会的构建起着更为强大和持久的主导力量。例如,孔子所说的"举善而教,不能则劝"(《论语·为政》)就是这种重视教化思想的典型体现。孔子还说过:"道之以政,齐之以刑,民免而无耻;道之以德,齐之以礼,有耻且格。"(《论语·为政》)意思是说如果采取强权手段来治理国家以使国民顺从,采取压制方式来刑罚约束子民以使其安分守己,这种方式不过是让人们的不知羞耻之心得以隐藏、不表现出违规行为而已;而如果以仁、礼、法、德来教化、感化人民,感召人们的仁礼之心,那么人们就会真正做到勇于知耻,

并且在生活中能够长期稳固地规范自己的言行,摒弃不良心理及习俗。孟子也曾说过:"仁言不如仁声之入人深也,善政不如善教之得民也。善政,民畏之,善教,民爱之。善政得民财,善教得民心。"(《孟子·尽心上》)从文意可见,"善教"能得到人民的爱戴而不是敬畏,所以它能得到人民的衷心拥护,而得民心者得天下,其政治意义无疑也就更大了。如《吕氏春秋·上德》说:"为天下及国,莫如以德,莫如行义。以德以义,不赏而民劝,不罚而邪正。"汉儒王符也持相近的看法:"是故上圣不务治民事而务治民心……导之以德,齐之以礼,务厚其情而务明其义,民亲爱则无相害伤之意,动思义则无奸邪之心。夫若此者,非法律之所使也,非威刑之所强也,此乃教化之所致也。"(《潜夫论》)儒家所谓的德治即礼治,实亦即"教化"。"礼也者,贵者敬焉,老者孝焉,长者弟焉,幼者慈焉,贱者惠焉。"(《荀子·大略》)不难看出,儒家是力主教化优先的,上引王符"乃教化之所致"之论,明确表现了此种态度。

结合当时的时代背景,由于以上这种教化方式与封建小农经济以及大一统的专制需要相契合,因此在日后很长一段时期都能够经久不衰,发挥持久作用,具有稳固性。

在中国传统社会的教化体系中,以人文、伦理、道德及其规范为主要内容的"三纲、五常""三从、四德""礼、义、廉、耻"等,通过"三老"及教育系统具体实施,并积极地将家庭及其他多种社会力量纳入教化体系中,融入人们的家庭生活、社会交往以及生产实践等各个方面,或有形或无形地渗透到大众的思想意识、生活行为中。

一是宽容坦荡。在孔子看来,身为君子就应心胸开阔、神定气安,而小人则是患得患失、斤斤计较。正如孔子所说:"君子坦荡荡,小人长戚戚。"孔子对于君子与小人的所作所为的不同做了区分论述,他认为真正的君子一定是讲究礼、义、信等道德准则的,行为庄重且与人为善,绝不结党营私。

二是重义轻利。重义轻利这一思想是战国后期思想家们秉持的主流思想观念,用以规范社会伦理及人们之间的利益关系。古代思想家将人们之间的追逐利益的活动看作天下动乱、礼崩乐坏的源头,认为获取财富必须要服从伦理道德,主张通过教化的方式,倡导人们将义置于利益之上,只有这样才是拥有高尚美德的君子所为,而一味地追名逐利则是小人之行为。

三是安贫乐道。孔子有云:"饭疏食饮水,曲肱而枕之,乐亦在其中矣。不义而富且贵,于我如浮云。"意思是说:吃粗粮,喝白水,弯着胳膊当枕头,乐趣也就在这中间了。用不正当的手段得来的富贵,就像是天上的浮云一样。他认为有志向、有理想、有抱负的君子,在贫困艰苦的环境下依然可以很快乐,通过不道义手段而获得的富贵是不好的。这是一种快乐的、超然的精神境界,安贫乐道的思想观念鼓励人们在贫困清苦的时候不要惧怕,而是要孜孜不改其乐,注重内心精神世界的充盈。

总之,教化是我国古代思想政治教育最有效的一种方法,建构起一套完整的社会秩序体系,规范着个体服从集体与社会,将个体与家族、社会整合为共同体,确保社会的和谐稳定。

(二)从群众中来,到群众中去的群众路线方法

中国共产党在长期的革命斗争实践中,正是依靠群众路线,战胜了一个又一个的困难,取得了一次又一次的胜利。历史证明,群众路线是我们党的生命线,是我们党最根本的工作路线和科学的工作方法。

群众路线在革命斗争和建设实践中发挥了重要作用,创造性地解决了各种矛盾问题,成为中国共产党的三大优良作风之一。中国共产党始终为广大人民群众谋福利、办实事,真心实意地想群众之所想、急群众之所急,始终在行动中坚定群众路线思想。

从本质上讲,在群众路线的根本方法中,人民群众是思想政治教育的受教育者,同时也是主体,亦即是说,群众路线的方法充分尊重了人的主体性,激发了人的主观能动性和自觉性,进而使思想政治教育的受教育者表现出极大的积极性与创造性,才使思想政治教育取得了显著成效。坚持人民群众路线是我们党所秉持的一贯思想方针,人民群众不仅仅是社会物质财富及精神财富的创造者,也是推动历史不断向前迈进,是中国共产党取得一次次伟大胜利的力量源泉。从古至今,人民群众一直是政治社会生活的实际参与者,国家的一切权利源于群众,党的一切行动指南都服务于群众。人民群众是国家的主人,在国家政治生活中居于主体地位;在生产生活中积累了许许多多的真知灼见,是历史的创造者;而中国共产党也始终是最广大人民根本利益的代表,一直站在最广大人民群众的立场上,中国共产党人及党的各级领导干部也都扎根于人民群众之中,可以说中国共产党与人民群众之间有着鱼水般的密切联系,有着血肉般的亲情维系。中国共产党是马克思主义政党,拥护群众路线,密切联系群众,始终以为人民谋福利作为自己的行动指南,始终了解并尊重最广大人民群众的主人翁地位,始终努力实现最广大人民群众对于美好生活的期盼。随着历史不断向前发展,进入新时期后,中国共产党注重建立新形势下党同人民群众新的更加紧密的鱼水关系和血肉联系,使广大人民群众更加了解拥护党,进一步扩大党的群众基础,并号召及引导人民群众积极参与到政治生活之中,进一步巩固党的执政之基。只有拥有广大人民群众的认同、拥护及支持,才能把中国共产党的正确主张变成群众的自觉行动,党的执政地位才会稳固和长久。群众路线的根本方法既是"从群众中来,到群众中去",也是"从实践中来,到实践中去",即在认识群众、了解群众、掌握群众的实践基础上,相信群众、依靠群众、服务群众,进而在思想政治教育的实践活动中融入群众、教育群众、发动群众。与群众路线一脉相承的是"以人为本",同样是尊重教育对象的主体性,以人为本则更多关注受教育者的需求、特点、规律,目标是促进人的全面发展。无论是培养"有理想、有道德、有文化、有纪律"的四有新人,还是"立德树人",都是在以人为本的基础上所进行的尊重人、理解人、关心人。总之,群众路线与以人为本都是紧紧围绕思想政治教育工作这一本质,进而阐发形成了一系列科学的实施方法,是历史维度上思想政治教育以文化人方法的重要体现。

(三)以理服人、以情感人、以行带人的教育方法

随着思想政治教育的科学化发展,思想政治教育方法也在不断丰富。新时期,思想

政治教育方法主要体现于理论的教育方法和实践的教育方法两方面,从具体实施方法层面,"以理服人,以情感人,以行带人"体现了思想政治教育以文化人的历史经验。

1. 以理服人

所谓以理服人,就是"晓之以理",用摆事实、讲道理的方法进行说服教育,关键在于教育者用自身的理论认识解决受教育者的思想认识问题。以理服人历来是我们的传统。

2. 以情感人

中国人向来注重人的情感因素,重视个人的心理和情感,所以将"情"运用到教育之中,符合中国人的传统习惯。作为教育者,要注意与学生的情感沟通。中国人讲究人情味,人道主义受人青睐,学生刚进入一个集体,作为教师要发挥个人作用,让学生尽快地融入这个集体之中,给予关心和照顾,激励他们在这个集体中发挥自己的特长;当学生做出成绩时,要积极地赞扬学生;当学生犯错误时,要学会尊重学生,不能因为某个学生犯了一个错误而否定他的所有。有人曾说过,犯错误是第一阶段,认错是第二阶段,改错是第三阶段。当学生犯错后,作为教师要尽力地把他引向第二阶段,最终迈向第三阶段。

3. 以行带人

所谓以行带人,就是"导之以行",是用榜样的事迹感染人的一种方法,关键在于用典型模范的优秀品格去影响人。例如,革命战争年代,眼含热泪绣红旗的江姐、英勇作战的董存瑞,以及刘胡兰、张思德和白求恩等;改革开放之初的20世纪80年代,涌现出崇尚科学、勇攀高峰的科学家华罗庚、陈景润、蒋筑英等,身残志坚、自学成才的"当代保尔"张海迪;20世纪90年代以后,被时代推出来的人民好公仆孔繁森、平凡岗位做贡献的李素丽等;21世纪的时代楷模黄大年,高举党旗跟党走、穷尽一生而无悔的郑德荣等。

这三种具体方法中的"服人""感人""带人"是从不同层面体现了以文化人的"化"的功能,这些方法奏效的直接体现在于促进了人对思想政治教育的认同,是有效解决受教育者思想问题的方法。需强调的是,"以理服人,以情感人,以行带人"既是相互独立的方法,又是相互关联的方法体系,在具体工作中要结合起来统筹实施。比如,只有以理服人而做不到以情感人,"理"也就难以使人信服;只注重以情感人而忽视了以理服人,则容易丢掉思想政治教育的基本原则,难以解决受教育者的思想认识问题;以行带人中若没有体现到情理交融,则榜样的力量也难以感染人。因此,从历史经验的视角来看,需要综合运用"以理服人,以情感人,以行带人"的思想政治教育方法,才能更好地实现思想政治教育以文化人的功能。

二、历史维度上思想政治教育以文化人的载体

思想政治教育载体是指在实施思想政治教育的过程中,能够承载和传递思想政治教育的内容或信息,能为思想政治教育主体所运用,促进思想政治教育主客体之间相互作用的一种活动形式和物质实体。在实现以文化人功能的过程中,思想政治教育载体发挥着重要作用,从本质而言,思想政治教育载体本身就有着文化性,无论是话语载体、活动载体还是传媒载体,在发挥其本身所具有的承载、传导、蕴含等功能的同时,表现出强烈

的文化特质。

(一)话语载体

话语是思想政治教育的基本载体,所有教育目标的制定都需要文本话语形式的具体呈现,且教育目标转换为教育内容后,具体到教育方法的实施亦需要思想政治教育话语的支撑。话语是思想政治教育的基本介质,作为一项载体,话语承载着思想政治教育的目标、内容、方法等信息,也是思想政治教育者与受教育者实现有效关联的重要节点。同时,话语的传播性特点是思想政治教育发生时空进行转变的重要依托,因此,话语是实现思想政治教育过程的必要因素与物质形态。

思想政治教育的话语载体具有文化性,具体表现如下。

1. 政策文件承载着思想政治教育目标,其话语具有文化的先导性

政策文件的语言抽象而又凝练,体现了思想政治教育的重要性与严肃性,这也为思想政治教育实践活动的实施提供了明确的导向。如中共中央办公厅、国务院办公厅印发了《关于实施中华优秀传统文化传承发展工程的意见》(以下简称《意见》),其中以三句话对何为文化进行了表述,同时对中华文化的力量以及这一文件下发的目的进行了说明:"文化是民族的血脉,是人民的精神家园。文化自信是更基本、更深层、更持久的力量。中华文化独一无二的理念、智慧、气度、神韵,增添了中国人民和中华民族内心深处的自信和自豪。《意见》从重要意义和总体要求、主要内容、重点任务及组织实施和保障措施四个重要方面来进一步强调实施中华优秀传统文化传承发展工程的核心内容,使人民群众明晰了发展方向、工作要求、重要意义,在此项工作的推进中完成了使命感与价值感的双重实现。

2. 日常思想政治教育工作者的话语涵盖着教育内容与教育方法,具有较强的普适性,这种普适性话语体现出思想政治教育的亲和力与感染力

马克思说:"理论只要彻底就能说服人"。四十多年的改革开放飞速进展,促使我国的经济社会环境发生了日新月异、翻天覆地的变化,相应地影响着广大人民群众的思维意识和行为方式,利益分化使传统的单位制被割裂,个性化使人们更加追求开放多元,社会群体的细化体现得更为明显。在这样的大背景下,传统的思想政治教育话语已经不可能"以一当百"地覆盖所有社会群体,思想政治教育的话语也要与时俱进,从尊重主体的异化开始,以更加亲和、更富感染力的话语逐步取代单纯的灌输模式,不断实现自身教育方式方法的革新与变化。在这一过程中,要求思想政治教育话语必须找准定位、找对方法。找准定位就是要求思想政治教育的话语必须以马克思主义主流意识形态为基本坐标,坚持党的领导,坚持社会主义方向不动摇,在多元思潮中立主导。找对方法就是要求思想政治教育话语更具亲和力和针对性,让群众喜闻乐见,切实解决生产、生活实际问题。在一线思想政治教育的实际工作中,有诸多经验为便于大众化传播采取顺口溜、打油诗,以及群众喜闻乐见的艺术形式等,这类话语体系代表了大众文化的精华,是思想政治教育活动有效开展的关键。

3.思想政治教育研究话语具有文化的科学性与理论性

随着思想政治教育学科的建立,思想政治教育研究日趋成为一项重点,而研究话语与政策话语、工作话语不同,具有独特的科学性与理论性。研究话语,顾名思义,就是要以学术研究的态度和方式来阐释思想政治教育学科的问题。思想政治工作作为中国共产党的生命线,一直受到高度重视,在党和国家的建设发展中发挥着不可替代的重要作用,积累了丰富的实践经验。也正是因为思想政治教育的这种实践性,长期以来,思想政治教育工作者习惯用实践去阐释实践,形成了独特的思想政治教育实践话语。然而,伴随着思想政治教育学科在我国的建立,作为一门严谨的科学,思想政治教育绝不应该只是实践的代名词。三十余年来,思想政治教育学科的理论性不断得到深化,科学性有目共睹。思想政治教育的研究话语正在逐步走向成熟。以往,通俗易懂、直白生动的思想政治教育实践话语已经不能完全适应当代思想政治教育的发展。随着人民群众的受教育程度不断提高,知识结构、理解能力和认知能力不断优化,传统的思想政治教育实践话语的单纯说教正在走向"死胡同"。因此,为了更加有效地推动思想政治教育学科的研究能力和科学化水平,广大思想政治教育工作者必须着力加强本学科的研究话语建构。而揭示思想政治教育特征、规律的研究话语同样属于一种文化形态,是从历史维度体现思想政治教育以文化人的重要支撑。

（二）活动载体

思想政治教育活动作为一种载体,长期以来广泛存在于思想政治教育中,具有多样性特征。活动本质上就具有多样性,思想政治教育活动的形式也决定了其活动载体的形态。

从区域划分,可以分为单位性、部门性、行业性、地方性及全国性活动载体;根据活动实施的具体形式又可以分为理论学习性、实践体验性、文娱体育性活动载体;等等。但任何类型的活动载体均有一个共性的特征,即文化性。例如,围绕讲文明、守公德、有秩序、树新风的理念,深入推进社会文明风尚行动,大力弘扬宣传社会交往、工作生活、公共场所等各方面的礼仪规范,引领人民群众自觉遵守公共秩序及准则。在全社会大力宣扬提倡尊重劳动、尊重创造,使辛勤劳动、擅于创造、积极奋斗成为人们的价值追求,进一步强调质量就是生命、服务就是效益的生产生活和经营理念,使劳动者广受其益,努力创造有利于劳动者的工作环境、生活环境、待遇保障、发展条件等,使懒惰者受到社会的摒弃和时代的淘汰。倡导"绿水青山就是金山银山",大力提倡全社会的环境保护意识和生态社会责任,尤其要在少年儿童中养成勤俭节约、绿色环保的文化氛围,力戒奢侈浪费。打造文明旅游文化,开展文明旅游教育,培育文明旅游习惯,强化形象生动的宣传教育,善于抓住旅游不文明行为的典型予以利用,大力提升中国公民形象和素质。倡导文明交通行为,增强文明交通意识。加强对城镇化进程中的新市民进行引导管理,使他们真正融入城市、热爱城市,为城市建设做出更大贡献。

从本质上讲,思想政治教育活动与其他类型的活动的本质区别在于,作为载体,它承载着价值观念等内容,因此思想政治教育活动以多样的形式表达着根本一致的诉求——传递价值观念,实现思想政治教育的目标。思想政治教育活动载体丰富多彩,但我们可统称为文化活动,原因在于无论是全国性的大型活动,抑或是某一校园班级的活动,都会因活动的开展衍生出一定的精神产品,而这种精神产品的价值又是无限的。也就是说,思想政治教育活动载体由参与者共同创造了一定的精神财富以及这些精神财富的复制形态,这些精神产品的价值在于对活动参与人群及活动周边人群均产生着价值观念、道德规范等精神层面的影响。

比如,加强对中华优秀传统文化和中国历史文化的传承和继承,深入挖掘五千年来中华文化中仁、义、礼、智、信所蕴含的深刻时代价值,突出民本、仁爱、大同、正义、勤奋、和谐的民族价值观,有效接续中华民族的"根"和"源"。充分实施好中华优秀传统文化传承发展工程。一方面,利用好中华民族的传统节日,包括春节、元宵节、端午节、中秋节等重要的中华民族传统节日,也包括立春、惊蛰、谷雨、夏至、秋分、冬至等二十四节气,开展"我们的节日"主题活动,组织积极健康、丰富多彩的民俗文化活动,让广大人民群众尤其是少年儿童在纪念先辈、阖家团圆、辞旧迎新、尊老爱幼中继承文化、传承文明。与此同时,要立足文物、书籍、建筑、遗址、红色教育基地等文化资源,做好中华优秀传统文化的创新发展,不断提升中国广大人民群众的文化自觉和文化自信。

文化不仅要传承,更要结合时代创新发展。

首先文化创新的原则就是坚持正确的价值导向,坚持"以人民为中心"的创作导向,坚持文艺作品创作的"双百方针"。要将文化创新与人民群众的生产生活相结合,真实生动地反映人民群众的喜、怒、哀、乐,让优秀的文艺作品在实践中生成,在实践中阐发,在实践中引起共鸣。

其次,要坚持以社会效益为首位,秉持社会效益与经济效益二者相统一的原则,推动文化产业向新兴业态发展,促进文化产业逐步成长为国民经济的支柱产业之一。大力支持优秀文化产品的生产创作,加快公共文化服务标准的完善和相应设施的均等化,构建全覆盖、高效率、高品质的城乡公共文化服务体系。积极维护人民文化权益,广泛开展适应人民群众的文化活动,不断满足日益增长的精神文化内在需求,丰富人民群众精神世界。

中国是一个有着十四亿多人口的大国,农村人口占据了相当大的比重。因此,要想实现文化的以文化人,面向农村开展文化活动,延伸文化产业的农村化势在必行。有效的文化活动可以促进城乡一体化的快速发展,加快城市现代文明向农村辐射,让农村成为连接城市的重要"文化重镇""文明乡村",共同开展面向城乡人民群众的各类精神文明共建活动。

这也是思想政治教育活动载体与一般活动的本质区分,即思想政治教育活动载体在链接教育者与受教育者的过程中产生了积极多样的精神文化,这种精神文化既是思想政治教育活动的内在需求,也是产出思想政治教育成效的本源形态。总之,思想政治教育活动载体在精神文化层面决定了自身的文化境界。

（三）传媒载体

思想政治教育的传媒载体以物质形态呈现，主要包括报纸、广播、电视等传统意义上的大众传媒以及新时期的网络传媒。党的十八大以来，党和国家结合时代发展要求，高度重视信息条件下的互联网发展。传媒本身就属于文化范畴，思想政治教育的传媒载体作为一种文化载体，其承载的功能愈发多元，影响愈发明显。广大思想政治教育工作者需要掌握新时代传媒发展的新理念，把思想政治工作武装起来，结合学校学生的实际问题和现实要求，做到传媒载体以文化人的与时俱进。

从某种意义上说，文化的形成和发展须借助传播活动方可顺利有序地进行，思想政治教育的传媒载体正是运用现代的信息技术，将文化进一步整合与交融，促进了思想政治教育文化的开发与创新，进而实现思想政治教育以文化人的功能。思想政治教育的传媒载体丰富多元，不同的方式也会产生不同的传播效果，因此传媒载体是一种能动的文化装置，即它可以有选择地传播思想政治教育文化。例如，权威的传媒机构，如中央电视台、人民日报等，主要传播主流价值文化与社会价值导向，这与思想政治教育的要求具有一致性；而更多传播民间文化、草根文化的传媒载体，具有较强的大众化与参与性，是现在思想政治教育文化传播的重要手段和载体依托。值得提出的是，思想政治教育的传媒载体不仅能够传播文化，还有创造自身传媒文化的功能。究其根本原因在于文化对传媒具有较强的依赖性，所形成的传媒文化也具有强大的生命力，呈现出优越的发展态势。

当代的网络信息化发展被人们称为"第三次产业革命"，互联网传媒时代使人们的日常生活发生了巨大的变化。伴随技术的推广和发展，这种变化已经深入人们日常生活的方方面面，甚至已经渗透到生产、流通、消费等各个商业运营环节。互联网传媒所具有的连接、快速、共享、智能等特征，推动人类社会进入了前所未有的时代，其发展速度远远超过人类历史的任何一个阶段。尤其是最近几年，基于移动互联的信息网络和物联网络，使人们甚至无法摆脱智能终端设备的影响，"时时在线""低头族"成为更多人的生活常态。无时不有、无处不在的信息网络使个体与个体、个体与群体、群体与社会之间实现无障碍的连接与沟通，大大降低了时间成本，提高了生产效率。因为这种连接所带来的效益远远大于单个个体的叠加，"互联"成为时代的标签、时尚的名词。互联网传媒在人类生活的各个领域崭露头角，并有取代传统生产方式和生活方式的趋势，包括商业经营领域、社会治理领域、安全保障领域、金融服务领域、现代医疗领域、教育教学领域等。由此引发传统社会模式的变迁，如中介作用和组织的消失、零边际成本的出现、商家对商家进行交易（B2B）和个人对个人交易（O2O）的进化、线上线下的双向互动等。全新的商业模式、组织模式、生活模式、消费模式正在演变，更加个性化与多元化的网络互联社会正在形成。

新媒体环境催生个性化趋势，个体在新媒体环境中个性特质得到最大程度的发挥和释放。以人本主义和需求主义为导向的学习生活模式成为发展趋势，社会、群体和个体在这一过程中经历着不同程度的蜕变。

首先，新媒体环境中的个性化对社会政治、经济、文化形态有着重大影响。个性化的生产方式更加倾向于生产资料的分散化,这种资源的重新配置有利于创新创业的发展和完善,有助于收入分配的合理化,符合党和国家的政策导向。

其次,新媒体环境中的个性化对社会群体及社会组织的影响要从两方面来看:一方面个性化使得个体所在群体或组织更具活力,人与人之间因差异化导致的学习欲望增强;另一方面,个性化也给群体或组织生活带来了一定的负面影响,导致组织的凝聚力、影响力下降。这种趋势在学生群体中的表现更为突出,由于新媒体背景下的智能设备的互联互通,学生个体之间的沟通明显减少,甚至同在一个寝室的同学不进行面对面沟通,而是借助于手机和网络,长此以往,极为不利于群体生活氛围的形成和组织团结。

最后,新媒体所构筑的全新环境是以主客体交叉互动的形式存在的,个体在已经被重新构建的时空和格局中生存,自身的思维方式、行为方式和学习范式都在发生深刻改变。海量数据信息集约在互联网空间中,人们的交往交流不再受到时空限制,每个个体可以根据自己的喜好厌恶来定制属于自己的独特生活模式,创建一个个体化的私密与开放共存空间。与此同时,这种新媒体环境也有一定的侵入性,容易造成受众生活的碎片化、时间的碎片化、精力的碎片化,同时使人们越来越局限于自己的兴趣和圈子,这是值得思想政治教育工作者注意的现实挑战。

新媒体环境衍生的另一大趋势就是人工智能。基于大数据平台的人工智能已经成为国家战略的指向。新媒体技术的迭代可以使整个社会系统更加智能和贴心,使人类社会由后工业时代急速迈进人工智能时代,两个时代的差距将是不可估量的。人工智能可以改变的领域让人惊叹,现实中服务、就业、消费、预测、制造业可以被改变,抽象中的人的认知方式、学习方法、社会交往形式都可以被改变,甚至出现颠覆性的效果。这种科技革命趋势带来的社会文化、人的价值观和人的教育方面的影响,是思想政治教育以文化人必须尊重和重视的重要维度。

近年来,网络文化凭借现代技术展现出巨大的优势,形成了思想政治教育跨文化、开放性、互动性的信息传媒载体。一方面,网络文化催生了网络思想政治教育的发展;另一方面,由于网络自身的固有特点,网络文化安全等问题突显,也对思想政治教育工作带来巨大挑战。但无论怎样,这种新生事物都不可避免地进入思想政治教育文化的范畴。因此,无论从历史演进、社会进步,还是科技发展的角度,传媒载体对社会生活的方方面面产生了深远的影响,充分体现了思想政治教育的以文化人功能。

第二章　高校思想政治教育概述

新时代背景下,高校思想政治教育更加注重时代背景、内容和使命。高校思想政治教育体现着思想性与引领性的统一,时代性与发展性的统一。

第一节　高校思想政治教育内涵与特征

一、高校思想政治教育内涵

高校思想政治教育是指高校思想政治教育工作者根据国家或者政府的相关教育规定和计划,对高校在校大学生,依托于一定的教育资源和载体,进行的有目的、有计划、有组织的思想道德教育、政治思想教育和社会心理教育的教育实践活动。

首先,大学生是高校思想政治教育的主要对象。大学生既是思想政治教育的主体,也是思想政治教育的对象。严格而言,高校的思想政治教育工作主要是针对大学生的精神世界的指导。

其次,提升大学生的思想道德水平,培养大学生的政治意识是高校思想政治教育工作者的主要目的。新时代,大学校园环境日益复杂,大学生容易受到各种不良文化的影响,对其的思想政治工作面临着艰巨的挑战。面对新的挑战与要求,高校思想政治教育的重要任务是顺应和把握社会发展与变革提出的问题及要求,不断增强大学生的思想政治素养,培养社会主义建设者和接班人,为实现中国梦助力。

张耀灿等在《思想政治教育学原理》(第3版)中提出,思想政治教育是一种依托于高校进行的有目的和有计划的教育实践活动,是一种特殊的实践活动,其教育内容包含思想、道德和政治教育。其中思想教育是基本前提,道德教育是政治教育的基础,政治教育是道德教育和思想教育的主导,这三方面教育内容相互作用,最终形成高校思想政治教育。学术界基本承认高校思想政治教育的工具性和目的性,认为其是在一定的教育目标和教育计划的引导下,对高校大学生进行的旨在提升大学生思想政治素养的教育实践活动。

高校思想政治教育是中国共产党和政府高度重视的一项工作。高校承担着为社会主义事业培养合格的建设者和接班人的重任,这也是高校德育工作的重要使命。新时代,我国高校思想政治教育以在校大学生的全面发展为立足点,不断提升大学生的思想政治素养,推进社会发展进步。目前,高校思想政治教育的主要内容包括马克思列宁主义、毛泽东思想、邓小平理论、"三个代表"重要思想、科学发展观和习近平新时代中国特色社会主义思想，党和国家的重要理论、政策和方针，法律基本素养教育，思想道德教育和系列的思想道德与政治教育实践活动。新时代，以习近平新时代中国特色社会主义思想为指导思想，加强思想政治教育，是时代和历史的要求，是社会发展的必然要求，是大学生成长、成才的必然要求。

二、高校思想政治教育的时代特征

现阶段，高校思想政治教育与社会主义新时代相互联系，具有强烈的时代性。其主要体现在以下几方面。

（一）创新性

创新性不仅是高校思想政治教育的重要时代特征，也是这个时代的特征。党的十八大提出"实施创新驱动发展战略"，这不仅需要经济领域的创新，高校思想政治教育领域同样需要创新，以创新推动高校思想政治教育工作。习近平在中共中央政治局第九次集体学习中指出："要深化教育改革，推进素质教育，创新教育方法，提高人才培养质量，努力形成有利于创新人才成长的育人环境。"创新不仅在于高校思想政治教育工作与内容的创新，还在于通过思想政治教育的展开培养具有创新意识和创新思维的创新型人才，从而推进我国的社会主义现代化强国建设。

（二）民族性

民族性是高校思想政治教育时代性的重要特征。对于大学生而言，民族文化价值的认同缺失不仅仅意味着高校思想政治教育的不足，更将会造成一个民族生存和发展的精神根基的动摇。著名教育家乌申斯基认为：一个没有民族性的民族，就等于一个没有灵魂的肉体。

中国有着悠久的历史，有着民族的传承，新时代高校思想政治教育不应是无源之水，时代性也不是对于民族性的弱化。对于新时代背景下的高校思想政治教育，时代性的重要特征和内容正是需要加强民族性教育。民族性主要表现为自身民族的独特文化，高校思想政治教育正是对民族文化的传承，以及对大学生进行民族意识的塑造。时代性与民族性并不矛盾，民族性并不是对时代性的否定。因此，新时代背景下，高校思想政治教育应加强民族文化教育和民族精神的塑造。对于高校大学生而言，加强思想政治教育的重要目标就是通过民族文化的教育与熏陶树立民族意识。

（三）先进性

新时代，高校思想政治教育中的先进性特征主要体现为高校思想政治教育内容的先进性。红色文化对大学生的思想政治教育具有极大的价值。红色文化蕴含着丰富的革命精神和厚重的历史文化内涵，是中国人民创造的物质财富和精神财富的总和，是一种具有象征性和引领性的特殊文化形态。高校思想政治教育要加强大学生对革命历史的学习。红色文化是丰富的思想政治教育资源,具有真实性和感染力,能够激发高校大学生的爱国热忱和奋斗精神,这正是新时代思想政治教育的重要目标。高校大学生要走进纪念馆、博物馆,亲身感受中国共产党领导的革命历程,认识到民族复兴的艰辛历程,意识到自身的责任与使命,以此激发爱国激情,不断提升自身的思想政治素质和科学文化水平。通过红色文化的教育,能够保证青年大学生坚定政治自信和道路自信,拥护党的领导。

第二节　高校思想政治教育理念

教育理念体现一个国家和地区的时代精神和社会价值取向,是构建这个国家和地区教育框架体系的基础。从人类社会教育发展的历程来看,不管在什么时候采取什么方式进行教育,"培养人"和"如何培养"这两大理念,一直是教育的根基。人是教育的逻辑起点,也是教育的最终归宿,教育理念伴随着时代发展而不断转变,但"人"这个中心始终没有改变。因此在人类社会发展过程中,"培养人"和"如何培养"的教育理念始终指引着教育发展的方向,也是制定各项具体教学措施和实施各种教学行为的核心。从这个方面来看,教育的改革与创新,首先必须进行理念的转变与创新,通过理念的转变与创新带动教育其他各方面的变革与创新。

高校思想政治教育的发展亦是如此,也必须通过理念的转变与创新带动其他各方面的变革与创新。只有通过高校思想政治教育理念的转变与创新,明确主题、抓住中心、统一思想、认清形势,高校思想政治教育其他各方面的变革与创新才能真正实现。高校思想政治教育理念的转变与创新是高校思想政治教育的内生需求。

高校作为高等教育的基层第一线,其思想政治教育理念的转变与创新,要与国家发展理念、党的执政理念和中国共产党的指导思想相一致,同时还要紧跟时代发展的步伐,体现与时俱进的精神。

一、树立互动理念,发挥大学生主体性作用,变"单向灌输"为"多向互动"

在教育改革深化发展的背景下,大学生的主体意识不断增强,期望寻求自我发展,实现自身价值。在此背景下,高校思想政治教育中传统的灌输式教学方法虽然在思想政治教育中有着一定的价值,但是单纯的灌输式教育已经无法满足大学生的实际需求。在以人为本、以学生为本的新背景下,学生成为高校教育的主体,大学生的参与意识和民主精神不断得到强化,要求充分参与到教育活动中来,并且在教育过程中被平等地对待,而不只是受教育的对象。这就要求高校进行教育方法革新,特别是在理论性和抽象性较强的思想政治教育中,要变革传统的灌输式教育为师生积极互动的教学模式。而实现这一教育变革的前提条件就是高校要完善顶层设计,树立以学生为主体的教育理念,并更新教育方法,增强第一课堂和第二课堂的互动性,提升思想政治教育质量。

二、树立以人为本理念,促进人的全面发展,在"简单说教"中加强"情感沟通"和"人文关怀"

思想政治教育的过程是主体客观化和客体主观化的双向互动的信息交流过程,一方面是要进行思想政治理论知识的传授,另一方面是要通过情感互动来感染学生,让学生体会到人文关怀,从而激发学生学习的动力,助力于学生的全面发展。在传统高校教育中,教师主要负责向学生传授思想政治理论,而忽略了这一过程中的情感互动,也就是忽略了学生的切身感受和真实需求,这必然会造成学生对思想政治教育的兴趣不高,甚至产生抵触心理。在新背景下,大学生具有如下新的特点。

首先是政治意识较强,关注国内外时政大事,并且具有积极参与政治活动的热情,但是缺乏宏观的思维,鉴别能力较差,很容易被不良的政治观念带偏、误导。

其次是大学生具有较强的学习能力,储备了较为丰富的理论知识,但是实践能力不强。

最后是大学生的自我意识觉醒,并逐渐发展,但是社会责任感不强。

针对新时期大学生的特点,教师要在以学生为本的理念指导下,深入地与大学生进行情感交流,挖掘大学生行为背后的真实需求,重视学生的身心发展,构建起师生之间相互沟通和信任的桥梁。

三、树立"智慧教育"的理念,利用现代教育媒体载体,由"传统教育"向"智慧教育"转变

高校"智慧教育"理念是建立在信息技术高速发展的基础上的,利用大数据、物联网、人工智能和虚拟现实等技术,为大学生提供丰富的教育资源,为教师革新教育模式创造良好的条件,实现教育的智慧化、智能化,更好地把握学生个体的差异性和不同时期的思想动态,达到因材施教的目标。传统高校教育中,教师主要进行"说教"式教育,把思想政治理论按照教材内容进行叙述,无法有效提升大学生的学习积极性和学习兴趣。在信息技术高速发展的背景下,大学生的精神需求不断增长,高校思想政治教育要抓住这一契机,充分利用信息技术,在思想政治教育中融入智慧化和智能化元素,既能提升大学生的学习积极性,又能提升教育的即时性和互动性,同时也有助于准确把控学生的思想动态,满足学生个性化的需求。

总之,高校思想政治教育是一个与时代发展同步伐、与新常态相适应的动态发展过程,也是一个不断转变理念、持续创新、向前发展的过程。高校思想政治教育者要从实际出发,从大学生的特性出发,抓住高校思想政治教育发展规律和大学生成长、成才规律,因材施教,才能培养出具有中国特色社会主义共同理想、适合社会主义未来发展需求的人才。

第三节 高校思想政治教育内容

一、以形成学生正确思想观念为核心的思想教育

高校思想政治教育应将思想教育作为重心。新时代,社会改革必定会加快速度,大学生会面临更多的社会现象和思潮,因此成长道路上就会遇到更多的难题。所以,思想政治教育应将重点放在如何让学生形成正确的思想观念,而这也是未来发展的途径。

(一)塑造体现新时代内涵的世界观

分析马克思主义可知,人们对世界的看法就是人类的世界观,主要涉及自然、历史、思维和人生几个方面。其中自然观就是人对自然和人与自然关系的看法,历史观就是人对历史和人与历史关系的看法,人生观就是人对人生意义和人本身的看法,思维观就是人对主观精神世界和思维的看法。要形成与新时代相符的世界观,需要做到以下几点。

一是,必须建立在保证人与自然和谐相处的基础上,发展必须以人与自然是生命共同体这一观点为前提,对自然进行顺从、保护和顺应,进而实现人与自然和谐共处的目标。

二是,始终以唯物主义世界观为根本。分析科学唯物史观能够看出人类社会历史发展进程,是让大学生正确对待历史和认识历史的导索。

三是,思维观必须确定为辩证唯物主义。要培养和训练人的思维能力,最核心的一个阶段就是青年时期。必须对辩证唯物主义观点、方法和立场进行正确把握之后,才能够在遇到问题时持正确观点正确解决,对历史和时代发展趋势进行正确把握,进而掌握社会现象、社会本质等。

(二)塑造符合新时代要求的人生观

世界观中人生观占据了重要位置。人生观是由人生价值、人生目的、认知生存方式和人生本质等几个部分构成,从人对祸福、荣辱和生死的看法便能够体现出来。

一是,引导大学生正确认识人生本质。从现实角度说,人类社会关系的总和就是人生本质;从能动性上分析,就是自觉劳动。所以,要让大学生正确认识并做到知行合一,有动力、有能力将所学知识转化成实践成果,成为时代发展的先锋。

二是,引导大学生正确认识人生价值。大学生想要认识到人生价值,就需要为了达到目标而付诸行动,为人民服务及为社会发展贡献力量。

三是,引导大学生正确对待人生发展。发展中的曲折和前进才是人生,人生没有一帆风顺的。所以,要让大学生认识到实现自身价值的方式只有积极奋斗,并敢于创新和创造。

(三)塑造彰显新时代意蕴的价值观

高校的思想政治教育最关键的就在于必须在整个学习过程中加入社会主义核心价值观,以此为引导来做好师德建设和教育等工作,让师生成为实施和传播社会主义核心价值观的一员。有关教育载体方面,需要将各个方面结合起来,包括我国优秀的传统文化、红色文化及社会主义核心价值观等。有关教育路径方面,将传统教学与社会主义核心价值观的培育和践行相结合,并在师生行为规范和学校规章制度中体现出来。作为教师,需要合理利用校园阵地,除教学外,还需要规范自身言行,成为一个践行和传播社会主义核心价值观的引导者,利用自身丰富的经验和知识储备,将社会主义核心价值观潜移默化地转移到学生的心理和行为上。就学生而言,日常学习和生活需要以社会主义核心价值观理念为指导,利用自己的双手来体现自身价值和达成事业目标。

二、以铸牢学生理想信念为核心的政治教育

新时代,高校思想政治教育的关键在于政治教育,所谓政治教育就是基于一个时代和阶段而需要受教育者接受的政治规范和思想,旨在让受教育者形成正确的政治态度、立场和方向等。然而从实质上分析,就是让其接受作为一名社会成员,树立正确的政治信仰。政治教育与诸多方面都存在关系,但是理想信念教育是其不变的核心。

(一)在政治学习中突出理想信念

一是,引导大学生正确认识理论的科学态度。毫无疑问,马克思主义科学理论是正确的,是人民的,也是未来发展开放必须坚守的。要让学生形成正确的思想,能够自觉抵制错误理论,自发表《共产党宣言》至今,已超过两百年时间,人类社会发生了极大改变,但是依然没有改变的是马克思主义阐述的理论依然是正确的。同时,马克思主义本身并不是一种教义,不是一种现成的教学成果,而是一种教学办法,是研究此方面的出发点和落脚点。所以高校需要引导学生树立正确的人生观和价值观,进而能够对马克思主义教条化错误倾向进行自觉抵制。

二是,要让学生学习到政治教育的主要内容。中国化马克思主义理论和马克思主义基本原理均属于政治学习主要内容。

三是,让学生掌握正确学习政治课程办法。必须对马克思主义经典著作进行反复阅读才能够体会到其魅力,真正做到深入学和持久学,进而运用到实践当中。学习中国特色社会主义理论体系,需要结合历史和现实,在实践中做到有感悟和有启发,并学会用科学理论来指导实践。

(二)在历史感悟中增强理想信念

一是,让学生基于现代中国的发展历程对中国特色社会主义来历和未来发展有正确的认识,从而正确对待社会主义,并有足够的信心。

二是,让大学生能够在快速变化的社会发展中,对中国特色社会主义的历史必然性有正确的理解。

三是,让大学生在对我国近百年发展奋斗史和理论探索史理解后,能够为实现共产主义目标而努力奋斗。

四是,让大学生在中国共产党的领导下,坚定实现社会主义强国和中华民族伟大复兴的信念,并为之付诸实践。

(三)在国际比较中坚定理想信念

一是,要让大学生对中国的发展大势有正确的认识。若无法实现这一点,必定无法对中国特色社会主义进行深刻的了解,也就不能正确进行国际比较。新时代,我国基于过去的历史,对当下和未来的发展需要有正确的引领,所以要求大学生要正确认识新时代的意义和价值。

二是,要让大学生对世界发展大势有正确的认识。大学生接受理论知识后,需要在纷杂的世界现象中看到本质,找到问题的关键;也要在构建国际实践平台的基础上,让大学生能够基于国际交流进行学习。

三是,让大学生能够有效结合世界和中国的发展大势。只有基于中国特色,才能够正确对待国际比较。只有客观地进行国际比较,才能够更加准确和深刻地认识中国特色。

三、以涵育学生道德品质为核心的道德教育

立德树人一直都是高校思想政治教育的核心和基础。所以,新时代背景下的高校思想政治教育需要逐步优化教育内容、建立健全德育评估体系并准确把握德育路径,同时要对思想政治教育进行创新,始终将核心放在优化学生道德品质上。

(一)明确新时代高校德育的路径

2013年,习近平在同各界优秀青年代表座谈时说道:"广大青年要把正确的道德认知、自觉的道德养成、积极的道德实践紧密结合起来,自觉树立和践行社会主义核心价值观,带头倡导良好社会风气。"习近平为当代大学生培养良好的道德认识提出了希望并指明了方向。一方面,在提高道德认知水平的情况下,有利于更好地锤炼品德。只有提升道德认知,大学生才能清楚自己需要修何种德,如果道德认知出现偏差,积极的道德养成与道德实践都将落空。另一方面,为了实现锤炼品德的目的,必须在道德养成方面下功夫。通过道德养成,大学生可在心理与思想层面提高对道德品质的认可度。只有依托道德认知,获得主体发自内心的认可,并在思想上接受,这样的道德养成才是正向的。此外,为了锤炼品德,必须加强道德实践。为了使大学生做到思想品德和行动保持一致,高校必须将道德认识与实践紧密结合。

（二）构建新时代高校德育的评价体系

首先，在评价高校德育工作质量时应当将新时期高校思想政治教育的德育目标作为评价的重点。为了客观评估一所高校的德育工作质量，需要将高校能否引导学生养成正确的道德认知、能够自觉地进行道德养成、积极开展道德实践等作为评价标准。

其次，需要重点评价高校的师德建设。对教师能否在日常教学和生活中加强道德修养进行评价，因为教师的道德水平直接关系到能否顺利达成德育目标。

最后，将学生的道德实践作为评价的切入点和落脚点。

四、以培养学生健康心态为核心的心理健康教育

加强当代思想政治教育内容创新需要建立在心理健康教育之上，必须促使当代大学生养成健康的心态，给予更多的人文关怀，开创高校稳定团结的局面，从而确立我国现代高校心理健康教育的目标。

（一）建立健全心理育人质量提升体系

《高校思想政治工作质量提升工程实施纲要》（以下简称《纲要》）于2017年12月正式施行，《纲要》提出高校必须打造完善的心理育人质量提升体系，所有高校都必须严格践行这一目标。

首先，高校应当开创全新的心理健康教育工作格局，将教育教学、实践活动、预防干预、咨询服务及平台保障等作为核心内容。

其次，高校应当从自身的实际状况出发，以满足大学生的心理健康需求为目的，采用全新的方式积极开展心理健康教育。

再次，高校必须做到与时俱进，不断创新，构建全新的大学生心理健康教育课程体系，持续提升大学生心理健康水平。

最后，高校应当加强人才队伍建设，不断提高教师队伍的政治素养、工作水平和业务能力。

（二）培养学生健康向上的心理意志

在新时代背景下，高校在开展心理健康教育的过程中需要做到以下几点。

首先，为大学生提供帮助，使大学生从思想上重视心理健康，学会一些调节心理的健康知识，使自己的心理适应能力不断提高。

其次，培养大学生养成坚强的意志，激发大学生的斗志，为了实现幸福生活而努力奋斗。

再次，敦促大学生积极进取，奋发向上，在新时代的浪潮中踏浪前行，披荆斩棘。

最后，助力大学生不断提高自己的心理素质，使大学生正确对待人生的成败，即便受到挫折也要迎难而上，在逆境中锤炼坚强的意志。

五、以提升学生法治素养为核心的法治教育

提升大学生的法治素养是我国高校进行法治教育的重中之重。在高校思想政治教育内容体系中应积极提升大学生的法治素养,早日实现我国依法治国的目标。

(一)以法治意识的培养作为提升法治素养的起点

提升大学生的法治素养需要以培养法治意识作为前提和基础。如果缺乏高度自觉的法治意识,那么提升法治素养也无从谈起。所以,进入新时期,高校思想政治教育应当向大学生传授和普及法治知识。使其具有法治意识,进而提升法治素养。

(二)以法治思维的锻炼作为提升法治素养的关键

培养大学生的法治思维是提升其政治素养的核心。大学生基于法治意识并运用法律武器来分析和解决问题,即为法治思维。就个体来说,拥有法治意识并不意味着形成了法治思维。法治意识与法治思维之间存在一定的距离,需要个体基于法治意识后从事相关法治实践活动,并从中体现出来。所以,要使大学生逐步形成法治思维,高校应在指定时间开展多样性的法治主题活动,让学生能够在实践中运用自身所学,进而形成良好的法治思维。

(三)以法治精神的塑造作为提升法治素养的根本

培养大学生法治思维的基础在于塑造法治精神。法治的核心是法治精神。培养大学生的法治意识,旨在让大学生了解法治的基本内容;培养法治思维,是为了让大学生在日常生活和工作中对所学的法治知识进行利用;塑造法治精神,是为了让大学生从理念上认同法治提出的理想目标和精神信念。而后,使大学生有足够的信心和信念去遵守和捍卫法治。高校应在遵守规章制度基础上,将法治精神在各个方面和环节中体现出来,特别是在制定和运行高校制度上。同时法治精神还具有提升教师团队政治素养和营造良好校园氛围等作用。

六、以增强大学生实践能力为核心的实践教育

在高校加强思想政治教育内容创新方面,实践教育发挥了极为重要的作用。作为一种活动,思想政治教育的主要功能是对人们的主观世界进行改造,并促使人们对客观世界进行改造。

(一)帮助大学生确立科学的实践观

人们在现实生活中形成观念,需要积累一定的知识,而更重要的是能够在对知识进行深入反思后产生信念和情感。所以,形成科学的实践观,必须按照观念发展规律进行,

需经过实践这一重要环节。

一是,新时代背景下,高校思想政治教育必须始终围绕马克思主义实践观进行,进而采取科学方法和方式,为构建正确的科学实践观奠定基础。

二是,新时代高校思想政治教育需要高校为大学生搭建多样化实践平台,能够引导大学生做到知行合一和以行求知等,为形成科学实践观做好相应的准备工作。

(二)构建中国特色的实践育人体系

一方面,高校需要设计形式多样、内容广泛、科学合理的实践育人目标,从而建立起全方位的实践育人目标体系。另一方面,为了满足学生德、智、体、美、劳全面发展的需要,高校必须建立起层次丰富的实践资源体系,加强管理,提高管理效率。同时,进一步强化物质保障、组织管理,采用科学的考评制度,最大限度地发挥实践育人的作用。在理念方面支撑实践育人体系的是目标体系,在内容方面支撑实践育人体系的是资源体系,在制度方面支撑实践育人体系的是管理体系。这三大体系相辅相成,互相支持,是确保实践育人体系高效运转的重要力量。

综上所述,高校思想政治教育本质上是一个理论体系,该体系涵盖了众多层次要素,各个要素又密切相连。该体系通过立德树人的理念进行串联,在不断优化这些要素的基础上,方能树立具有鲜明的时代特征、满足社会需求及为当代大学生服务的高校思想政治教育内容体系。

第四节　高校思想政治教育方法

方法是手段,是主体与客体发生关系的过程中主体为达到某种目的而采取的手段。作为社会主体的人来说,其活动内容概括起来有两点:一是认识世界,二是改造世界。认识世界所采取的方法称为思想方法,改造世界所采取的方法称为工作方法。所谓思想政治教育方法,就是教育的主体在对教育的客体实施教育和影响的过程中,所采用的思想方法和工作方法。

方法的运用,不是孤立的,它与教育的主体、客体和教育环境联系紧密。

(1)方法受教育主体的制约

实施教育的目的、要求、态度、作风及教育者本人的素质,都直接影响着方法的运用。教育的目的正确,要求明确,教育者态度积极、作风优良,又具有较高的素质,方法就容易发挥作用。否则,即使是好的方法,也难以取得好的效果。

(2)方法受客体特点和环境条件的制约

对于不同的教育对象、环境和条件,需要采取不同的方法,不顾时间、地点、条件、对象的不同,到处搬用同一种方法,不可能取得好的教育效果。

总结以往经验,面对当前客观形势和大学生的具体特点,基本的、常用的和较为有效的思想政治教育方法大体可以归纳为以下五种,即说理教育法、关怀体察教育法、典型示范教育法、自我教育法、综合教育法。

一、说理教育法

(一)说理教育法的含义与根据

所谓说理教育法,简单说就是摆事实、讲道理、提高认识、以理服人的方法。天下万事万物(包括自然界和人类社会)的运动发展,都是有其客观规律的。广义地说,"道理"就是人们对客观规律的系统认识,以及为了适应、利用规律而制定的道德规范和各种行为准则。"讲道理",就是教育者向受教育者讲清这些规律、规范和准则的内容、意义,引导人们去自觉地遵守和运用,从而达到统一认识、统一意志、协调关系、规范行动,促进社会进步和增进共同利益的目的。

说理教育法是在教育实践中使用最经常、最普遍,效果也较好的一种传统方法。除去尚不懂事的孩童以外,对任何人的教育,运用任何方法的教育,都离不开说理。从某种意义上讲,没有说理,就没有教育。

今天,中国共产党领导人民在各方面取得了伟大的成就,为说理教育法的运用创造了良好的条件。中国共产党所领导的事业,完全是为着人民的,是彻底地为人民谋福利的,党、政府和人民的根本利益是完全一致的。这就决定了党和国家的大小道理,只要实事求是地讲清楚,都可以为人民群众所理解和接受。教育工作者应该充分认识和运用这个优势,坚持以说理教育为主的工作方法,通过坚持不懈地努力,使高校的思想政治教育进行得更生动、更活跃、更有效。

(二)说理教育法的实施

1. 说理要抓住根本,摆正大道理与小道理的关系

大学生一般都具有较高的知识水平和理解鉴别能力,喜欢独立思考和擅长于理论思考,因此,对大学生的说理教育,首先要抓住根本,把大道理讲清楚。大道理代表着党、国家和人民的根本利益,属于对事物本质的全面的规律性的认识。不通过有计划地、系统地学习,就不能真正理解和掌握。如果将高校思想政治教育视作一项系统工程,应该视作重点工程,必须以主要精力,切实地、坚持不懈地抓好,形成大学生精神大厦的重要支柱。

任何整体都是由局部和个体组成的。在我国社会主义制度下,个体、局部和整体之间的根本的、长远的利益通常是一致的,但在某些方面、某种情况下,也会出现这样那样的矛盾和暂时的不一致。因此,教育工作者在讲大道理时,要善于帮助大学生分清哪些是大道理,哪些是小道理,摆正大道理与小道理的关系,自觉地以小道理服从大道理。在行动上,则要做到以个人服从集体,以局部服从整体。

2. 讲事实,说实话,办实事

说理要真正做到使人心服,就必须理、实结合,实事求是,言行一致,说到做到,是什么,说什么,怎么说就怎么做。讲理想,就要做有理想的人;讲纪律,就要做守纪律的人。教育工作者讲的是事实,是真理,经得住实践的检验,又能说到做到,大学生自然就相信,就容易跟着去做。反之,如果讲的是空话、大话、套话,或讲的虽是实话,而不实地去做,或只为了撑撑样子,而不管实际效果,这样的思想工作,大学生不仅反感,而且还会形成逆反心理。这就要求我们的说理教育,在内容上真实而不虚假,实在而不空洞,有用而不空谈。谈事,必须按照事物的本来面貌去认识;谈人,必须十分公道。在方法上,必须从教育对象实际出发,把系统的理论教育与生活、学习上的科学管理、严格而合理的要求结合起来;在工作作风上,必须注重实效。

涉及国家、社会的问题,更要实事求是,敢讲真话。党的十一届三中全会以来,解放思想、实事求是、与时俱进、求真务实,大胆地试、勇敢地改,干出了一片新天地,所取得的巨大成就是举世公认、有目共睹的。因此,要理直气壮地宣传党的路线,宣传各项事业的发展,宣传各条战线的先进人物、事迹,并善于运用建设和改革的现实成就与经验,进行生动地、有说服力地教育,鼓舞大学生团结在党的周围,为中国梦和共产主义的最终目标而奋斗。

讲实话不说假话,应该成为政治思想工作者的一条道德准则。自己想不通,宁可先不讲也不要说假话。因为,假话毕竟是假话,一听就明。一时不明,以后也会知道你在作假。这样,不仅损害了你的威信,也玷污了你所宣讲的道理。不要把自己"打扮"得绝对正确,更不要不懂装懂。

3. 讲道理,要有针对性

什么是针对性,针对性就是有的放矢,就是紧密联系教育对象的实际,就是因材施教。不管进行系统的理论教育,还是就事论事的说理教育,面对全体的教育,还是对不同人的个别教育,都要尽可能掌握实际情况,做到区别对待,对症下药,一把钥匙开一把锁。

大学时期,是学生身心急剧发展变化的时期,而当前又正处在重大社会变革时期,这就需要思想教育工作者,深入实际,进行调查研究,和学生多交流,针对学生身心特点和思想实际做工作,对于学生中存在的带普遍性的问题,一定要通过定性和定量相结合的方法进行分析,弄清问题的性质、程度,产生的主、客观原因等。切不可只看现象、凭印象、靠感觉或一时的表现就下结论。"知其心,然后能救其失者也。"只有真正了解了学生,才能做学生的良师益友,并收到良好的教育效果。

4. 说理,要有与人为善的态度

在我国,所有的人都是平等的,根本利益是一致的,相互间没有根本的利害冲突。因此,教育工作者只要讲的是真理,把理讲透,学生就容易接受。不能强迫学生相信什么道理,一时想不通,要耐心等待,多与被教育者采取商量、讨论的态度。教育者与被教育者之间没有绝对的界限,教育人与受教育应该是一个统一的过程,任何人都不得以教育者自居,而应时刻保持学习的心态。

5. 要处理好灌输与疏导的关系,坚持灌输与疏导相结合

谈到思想工作,常常遇到灌输与疏导的争论。其实,两者并不矛盾,关键是从什么意义上去理解它。如果从帮助学生掌握科学理论的全过程来说,当然是一个灌输的过程,因为,这里的灌输是指从外部输入的意思。对于大学生来说,科学理论知识不可能在他们身上自发产生或形成,需要从外面灌输。但是灌输不等于不看对象,不讲方法地硬灌,不等于强迫接受,不等于搞脱离实际的教条主义。政治理论课、德育课、党课、团课,以及形势、任务教育,都在实行着这种灌输。此外,青年人思想还不够成熟,在接受正面教育的同时,也会受到社会上其他种种错误思想、思潮、不良风气的影响、干扰,从而产生这样、那样的思想问题。解决这些问题,则需要采取讨论的方法、说理的方法、批评和自我批评的方法,也就是说,用教育和疏导的方法去解决。疏导的本质是说服教育,是以理服人,说服教育不排斥理论灌输,只有在正确的理论指导下,才可能取得好的效果。所以,从大学生的健康成长来说,系统的理论教育和思想教育即疏导,都是必不可少的。

二、关怀体察教育法

关怀体察教育法,顾名思义就是教师通过对学生的真切关怀和深刻的了解,消除师生之间的隔阂,实现教师与学生心灵上和思想上的相通、相融,从而实现对学生进行教育与引导的教育方法。

(一)爱护是教育的前提

人都是具有丰富情感的个体,内心情感既是每个人看重的内容,也是激发个体潜力和动力的核心力量。教师对学生深切的关怀与爱护,能使得学生以更加积极的态度去学习,并且坚定学习的信心,获得直面现实、直面未来的勇气。因此,高校教师在开展教育工作中,一方面是要站在理性的角度与学生摆事实、讲道理,以理服人;另一方面是要站在感性的角度与学生进行情感上的共鸣,动之以情。两者相互促进,缺一不可。唐朝诗人白居易曾说过:"感人心者,莫先乎于情。"又如人们常说的"精诚所至,金石为开"。在进行思想政治工作中,坚决不能丢弃情感和爱护这一主题,而是要根据时代发展趋势,赋予它新的内容,实现情感和关怀在新时代的传承与发展,助力思想政治教育目标的实现。

在高校思想政治教育中亦是如此,在言行中对学生的爱护和关怀是提升思想政治教育效果的重要前提,能实现教师与学生心灵上的互通,提升学生的学习积极性,主动重视思想政治教育,参与到教育活动中来。教师只有从内心深处热爱教育事业,爱护学生,在思想政治教育过程中才能充分了解学生的感受和需求,与学生建立融洽的关系,学生才能从教师的一言一行中感受到关怀,从内心深处认可教师,认可思想政治教育的内容,提升教育效果。这就要求教师在开展思想政治教育过程中,要善于推己及人,设身处地地为学生着想,全心全意地帮助学生成长。

尊重、理解和信任是爱护学生的具体体现。自尊心是大学生的重要情感,也是促进大学生努力学习的动力。这就要求在思想政治教育过程中,教师要注重保护大学生的自

尊心,特别是对于部分有自卑、敏感心理的学生,要积极地进行鼓励。在对学生进行批评时:一是要做到实事求是,就具体的事情指出学生存在的问题,言之有物,而不是采用抽象的批评,甚至上升到个人品质、能力方面的批评,伤害到学生的自尊心。二是要注重批评的方法,要注重循序渐进,以学生能接受的方法开展批评教育。三是要注重批评的场合,特别是对于敏感的学生要在私下场合予以批评,而不是在公众场合让学生觉得颜面受损,产生逆反心理。

值得一提的是,在高校思想政治教育中,要明确分辨爱护与溺爱、迁就的关系。爱护学生并不等于对学生的错误视而不见,一味包容。相反,根据实际情况对学生的错误给予严肃批评也是爱护的表现。在严肃批评和处理时,要完整了解事情的来龙去脉,并且做好学生的思想工作,要弄清楚批评是手段,而不是目的,使用批评这种手段来促进学生成长,而不是加剧学生的包袱。

(二)体察是教育的根据

大学生既具有普遍性的特点,即共性,又有个体差异、独特的个性。而教育活动中的"说理",一般是针对大学生群体的共性特点及普遍存在的问题。同时,由于生活环境和成长道路的差异性等原因,每个大学生都有自己的独特个性,对事物的看法不尽相同,形成的价值观也可能有较大的差异。同一名大学生在不同的时期、不同的学习阶段亦会有不同的思想问题。因此,对于教师来讲,如何了解每个学生的个性,及时解决不同阶段学生的思想问题,是至关重要的。而要实现这一点,一方面是要对每名大学生进行深入的调查,更重要的是要与大学生建立良好的关系,甚至发展出深厚的情谊,通过深入的观察和沟通,准确地把握当下每名大学生的思想动态。

大学生的思想处于不断地变化之中,而内外部环境共同对大学生的思想造成影响。在思想形成过程中,在最初阶段,内外部环境对思想的影响可能是微小的、潜在的,很难去发现。然而所有思想上大的问题的产生都是从微末处发端的。同理,所有思想上的进步一般也是通过微小的发展而产生的。正所谓"不积跬步无以至千里,不积小流无以成江河"。因此,教师在思想政治教育工作中,要时刻注重体察学生思想上的微妙变化,有针对性地进行引导,将不好的思想掐断在萌芽阶段,而将优秀的思想雏形发扬光大,使其成长为优秀的思想与品质。

(三)深入体察,全面关心,解决思想问题与解决实际问题相结合

大学生的思想动态是受着当下客观条件影响的,这主要体现在两方面:一方面,客观的物质条件影响着大学生思想的形成、变化,包括衣食住行和家庭物质条件等因素;另一方面是精神方面的条件影响了大学生思想的形成、变化,包括社会风气、学校学风、知识素质等。因此教师在开展思想政治教育时要全面看待客观的物质、精神条件,既要重视大学生思想形成的精神要素,又要关心大学生的物质生活。

教师在思想政治教育中能否做到对大学生的深入体察和全面关心,很重要的一点就

在于是否可以敏锐地感知个体的思想情绪的异常,从而有针对性地、及时地给予学生以帮助,让学生感受到满满的关怀。根据时政教育的经验,学生思想情绪上的异常大都是家庭变故、亲人不幸、交友挫折、经济困难、健康出现问题、自尊心受到大的损伤、考试成绩突然下降等原因引起的。思想工作者、教育工作者,应该在学生最需要的时候及时出现在他们面前,急人之难,亲自出面做工作,排难解忧,直至问题得以解决。

三、典型示范教育法

典型示范教育法,就是根据事物发展的不平衡性和人们之间各种思想行为的相互渗透、相互影响、相互模仿的规律,有目的、有计划地树立、表彰、宣传好的典型,以榜样、示范的力量,激励、带动、促进人们向先进的、进步的、真善美的人物和事迹学习,公开批评,甚至处理各种坏的典型,以使人们从中得到教训,提高鉴别和警戒能力,避免假、丑、恶事物的蔓延与发展。

运用典型进行教育,是一种极其重要的教育方法,无论人的幼年时期还是整个人类的幼年时期,其学习都是先从对具体事物的观察、模仿开始的。多是先"知其然",后"知其所以然"。所以,晓之以理,动之以情,还要"示之以型"。因为通过对具体的人和事的观察,抽象概括出普遍、深刻的人生哲理,往往比单纯讲道理更富于生动性,更能引起受教育者的内省与共鸣。近几年,许多教育工作者抱怨思想工作难做,但请有理想的人讲理想,让守纪的人讲纪律,却能受到极其热烈的欢迎,收到良好的教育效果。诸多英雄模范人物的报告,听众始终入神,热情不减,其道理大半就在于说和做的统一,在于典型示范的巨大感召作用。

四、自我教育法

(一)自我教育法的含义、意义和依据

自我教育法,就是推动、引导、支持、激励受教育者自己教育自己,自己做自己的思想工作的一种方法。

这种方法之所以有效,原因如下。

1. 由事物本身运动发展的客观规律决定的

一般来说,任何事物的质变,都是自身矛盾运动的结果。人的思想的发展变化更是如此,没有本人的自觉的努力,外在的因素就很难发挥作用。

2. 由我国人民群众的主人翁地位决定的

思想政治教育的对象是人民群众,而人民群众则是我们国家的主人,由于人民群众之间、人民群众与集体、与国家之间奋斗目标和根本利益的一致性,决定了群众能够接受教育和进行自我教育的基本前提。

大学生是我们未来事业的接班人和骨干力量,较高的文化水平和青年人的进取精神

及自我意识的不断增强,使他们更有条件、更乐于接受自我教育的形式。

3. 由思想工作的普遍性决定的

人人都有思想,而思想的发展则表现为由始至终的矛盾运动。因此,谁要想不停地进步,谁就要不断地吸收先进思想,克服各种落后的、错误的思想。这种涉及每一个人的,需要不断进行大量的思想工作,只靠少数人做是不行的,必须动员全体社会成员,人人做思想工作,包括自己做自己的思想工作。正如苏联著名教育家苏霍姆林斯基说过的:"只有能够激发孩子去进行自我教育的教育,才是真正的教育。"

4. 学校生活只是人生的一个阶段

学校生活只是学生生活的一部分,一生中的一个阶段。为了使学生离校以后仍然保持稳定地发展,在校期间不仅要强调学生的自我教育,而且必须重视培养学生的自我教育能力。

(二)自我教育的基本形式

自我教育包括两个教育层次:一是被教育者的自己教育自己,二是被教育者之间的相互教育。被教育者个体的自我教育,一般要通过自我认识、自我修养、自我激励、自我鉴定、自我调整、自我控制等形式实现。对于大学生来说,最基本的是要通过自觉地学习科学理论,自觉地联系自己的思想实际,并且不断地在实践中锻炼和考验自己,以达到逐步克服错误思想、树立正确人生观和世界观的目的。

因此,推动学生的自我教育、相互教育,就要致力于建立一个为实现共同理想而团结向上、携手奋进的坚强集体,致力于推动大家积极地加入这个集体中去。

(三)自我教育方法的实施

1. 要完善顶层设计,坚定自我教育的理念

高校要深刻认识到推动大学生自我教育的价值,在思想政治教育过程中,要坚信通过科学的引导,大学生能很好地实现自我教育和自主发展。但是,自我教育并不意味着对学生不管不顾,放任学生随波逐流。实际上,教师是自我教育法的重要参与者,要对学生的整个学习过程进行指导和引导:在最初学习阶段要引导学生做出科学的自我教育计划,在学习过程中要对学生的方向进行指引,问题进行解决,同时激励学生自主学习。

2. 自我教育,要建立在学生自觉、自愿的前提下

自我教育法强调以学生为主体,充分发挥学生的主观能动性,这就需要以富有吸引力的内容、形式来开展自我教育活动。

现代教育表明,有吸引力的教育活动才能引起学生的兴趣,从而提升教育效果,而实施自我教育法更是要注重这一点。

俗话说,兴趣是最好的教师,也是学生开展学习的强大动力。浓厚强烈的兴趣、爱好,吸引着人们从事创造活动。从心理学的角度来看思想政治教育,兴趣主要是指大学生对思想政治教育的认识倾向。兴趣是大学生学习思想政治的最大推动力,甚至比意志

力更强。要深入了解大学生的兴趣,首先要把握大学生的切实需求,因为后者是前者产生的基础条件。大学生的思想动力,一方面是自身的物质需求和精神需求的反映,另一方面就是自身的兴趣爱好。当大学生对某项事物产生浓厚的兴趣时,这项事物就深深地吸引着大学生的精神和注意力,从而促使大学生投入大量的精力与时间。因此,教师在进行思想政治教育时,要善于抓住学生的兴趣,充分调动学生的学习积极性,推动学生深度参与到思想政治教育中来。

3. 团结、引导和影响学生中的非正式组织,建立正确的价值理念,发挥非正式组织强大的自我教育功能

在大学生群体中,除了公开的、有形的、有正式隶属关系的正式组织之外,还存在若干由于志趣、爱好、特长、某种观点的相同与相近,以及相关生活、学习条件等原因,而自然形成的非正式组织和群体,都有非正式的领导和核心人物。在非正式组织中,由于缺乏明确的制度、章程予以规范,很容易出现错误的思想和价值观泛滥的状况,对大学生的自我教育和健康成长造成极大的负面影响。因此,教师要对非正式组织进行引导,特别是对于其中的意见领袖,要关注其思想动态,把握其价值方向,这是提升自我教育效果的有效方法。

4. 帮助同学,不断提高鉴别、选择、处理信息的能力,保持自我教育的正确方向

在移动互联网时代,信息数量爆炸式增长,质量却参差不齐,各类信息鱼龙混杂,真假难辨。在此背景下,由于互联网信息的巨量性和虚拟性,加上大学生辨别能力的不足,对大学生的思想发展造成了巨大的负面影响。现阶段主要问题包括:大学生学习能力强,对于新鲜事物的接纳和包容性强,但是在信息鉴别方面的能力却欠缺,同时自我控制力也呈现出欠缺的状态,很容易受不良思想的蛊惑。因此,高校在思想政治教育中要提升学生的鉴别能力,引导学生浏览正面的信息,坚决抵制负面信息和文化垃圾的熏染,这样才能在兼收并蓄的国际文化交流背景中尽可能减少负面信息的侵蚀,提升自我教育的效果。

五、综合教育法

(一)综合教育法的含义

所谓综合教育法,就是把对大学生的思想政治教育,看成一个系统工程,以唯物辩证法为指导,全面、本质、联系、发展地看问题和处理问题的方法,也就是在思想政治教育过程中,努力实现空间上和时间上的有机结合和辩证统一,变分力为合力,变无序为有序,力求实现整体最佳效果的方法。

(二)综合教育法的实施

1. 横向的综合教育——从空间上变分力为合力

高校作为社会大系统的一个组成部分,每时每刻都和社会各方面交换着物质、能量

和信息。在学校内部,又由若干子系统构成,诸如教学科研系统、后勤服务系统、行政管理系统、思想教育系统等。各系统既纵向贯通,又存在着密切的横向联系。因此,为做好大学生的思想政治教育工作,固然应该有一支精干的专、兼职政治工作队伍,作为工作的骨干,但实践越来越有力地证明,该项任务的完成,单靠政治工作系统不行,而且单靠学校本身也不行。它应该是多系统、多渠道、多方位、多方式有机结合,共同进行工作的结果。

(1)学校、家庭、社会的有机结合

大学生的思想是一个开放系统,它和社会生活之间的关系,几乎不存在时间和空间上的距离。特别是新形势下,国内外、校内外、课内外的各种事物、各种信息,都会很快在学生思想上产生不同程度的影响。因此,对大学生的思想教育,绝不仅仅是学校的事情,社会和家庭也负有重要的责任。诚然,学校、家庭、社会三者的功能和做工作的角度是不尽相同的,但目标却应该是基本一致的,必须互相配合、互相支持、互相补充。三者之间,学校起着主导的、协调的作用,必须善于根据培养目标的需要,调动校内外的一切积极因素,为大学生的健康成长,做出协调一致的努力。

(2)学校内部各系统、各部门之间的有机结合,齐抓共管

要明确教育与管理结合的指导思想,各个系统都要做学生的思想工作。立德树人是衡量学校工作的综合指标,它绝不是一两个人、一两个部门所能完成的,必须依靠全体干部、教职工的共同努力,同时还要依靠广大学生干部、积极分子的骨干带头作用和学生间的自我教育、相互教育。这中间,党团领导系统,专、兼职政工干部,应该起主导和协调的作用,应该善于团结、组织和引导各方面的力量,包括学生自己,共同做好大学生的思想工作。这里尤其重要的是教师的教书育人。对此,只有一般号召不行,还要有具体有效的措施。要尽可能为教师了解学生情况和向学生开展工作创造方便条件。要大力表彰"教书育人""管理育人""服务育人"的积极分子。

2.纵向的综合教育——从时间上实现阶段性与连续性的统一

人的思想品德、行为习惯,是一个不断发展的动态过程。从时间序列上来说,大学教育,不仅受中学时期、小学时期甚至幼儿园时期教育基础的影响,而且受未来社会对人才需要、使用与要求的影响与制约。具体到大学的几年,从入学到毕业,也处在不停地发展、变化之中。所以,对大学生的思想教育,不仅要考虑到不同年级、不同发展阶段的特点,而且要与大学前的基础和未来社会的需要与要求相衔接。在工作中,实现思想发展的阶段性与教育方法的针对性,思想变化的连续性与教育方法的序列性的统一,并从阶段性与连续性的结合中,创造思想发展的良性循环。

为了实现以上要求,需做到以下几点。

(1)要把整个教育战线看成一个有机结合的大系统

从小学到中学、大学,以至毕业后走上工作岗位,均要进行总体控制、追踪考察评估、改革招生、用人制度完善,力争全过程优化。目前,社会上追求升学率的指挥棒,严重地干扰了中小学的品德教育,也间接地影响了大学生的质量。而高校毕业生,尤其是师范

类毕业生的质量,又进一步地影响中、小学的教育水平。如果工作做不好,就会形成恶性循环。运用系统工程的观点和方法,从全局着眼,按照统一目标,加强整体控制,变"恶性循环"为"良性循环"是整个教育界的迫切任务。

(2)具体到大学阶段,也要视作一项系统工程

从入学到毕业,要有思想政治教育的整体计划和阶段安排,系统的、循序渐进的内容,逐年级的、有针对性的工作要求。大学,虽然是一个比较短暂的阶段,但却是青年人变化较大、成长较快、影响深远的重要阶段之一。大学生高度集中的集体生活和当今青年人重友谊、好交际、讲"义气"等心理特点,使得不同系、不同年级同学之间思想作风的相互影响越来越大。一年级打基础的工作做不好,不良影响会带到以后的各年级,而高年级,尤其是毕业班学生思想作风中的问题,又会很快在低年级,尤其是一年级新生中得到反映。反之工作做好了,就会起到越来越大的相互带动和促进的作用。

纵观全过程,就每一名大学生来说,从家庭到走上工作岗位,是一个大周期。大学阶段,从入学到毕业,是一个小周期,两个周期包括青年人最宝贵的年华。教育工作者和思想工作者,应从时间和空间的大跨度上和战略性高度上考虑问题,认真研究和科学地安排每个环节和每个阶段的工作,避免恶性循环,力争实现两个周期的良性循环。

3. 内容和方法的综合

为了保证学生全面发展,在教育的内容上要注意全面性,方法上要讲究多样性。关于人才的具体要求,在2017年中共中央办公厅、国务院办公厅印发的《关于深化教育体制机制改革的意见》中明确规定:"高等学校要把人才培养作为中心工作,全面提高人才培养能力。不同类型的高等学校要探索适应自身特点的培养模式,着重培养适应社会需要的创新型、复合型、应用型人才。"这是一个综合指标。为了达到这样的培养规格,首先,必须坚持德智体美全面发展的方针,帮助学生处理好业务与思想、思想与行为、知识与能力、生理发展与心理发展的协调关系;其次,从指导思想上要克服一切片面的、形而上学的思想方法和工作方法,切实坚持红与专并重,政治与业务统一的原则。

在教育方法上,也要贯彻有机联系和综合运用的精神。以前面所讲的几种方法为例,虽各具特点,但就其基本功能来说,又是有机地联系在一起的。比如,说理教育法,核心是"晓之以理",体察教育法,核心是"动之以情",典型示范教育法,核心是"示之以型"。这三种方法其实质都是说理,"动之以情"是为了更有效地说理,"示之以型"是为了更生动具体地说理。但是,从教育效果来说,光有说理还不行,还需要理论联系实践,即开展自我学习、自我评估和自我反思的自我教育和管理,还需要与实践的结合,需要引导被教育者到现实生活的实践中去经受锻炼、考验、熏陶培养。然而事实证明,只有教育主体的努力,而没有教育客体,即受教育者的内在动力和主观能动性,教育仍不能取得理想的效果。有了主客体两个积极性,从思想教育过程本身来说,算是比较完整了,但是从系统论的观点来看,思想工作体系并不是孤立存在的,无论教育的主体与客体,都时刻受着更大系统和内外多种因素的影响与制约。因此,这就需要从空间与时间的广阔领域,科学地组织、协调与调动多方面的力量和因素,为完成总体教育任务而密切配合、协同工

作,这便是综合教育法的目标。

鉴于诸方法的有机联系,有效的思想工作,常常不是固定地、孤立地使用某一种方法,而是要根据不同目的,不同对象的需要和时间、地点、条件的变化,交替选用某些方法,或综合运用多种方法。

方法是手段,是工具,是为目的服务的。随着目标、任务、形势、条件、环境的发展变化,方法也随之变化、发展。以上所讲几种方法,只能认为是较基本的,常见的,具有某种普遍意义的,并非包括了所有方法。因此,要求从事思想政治工作的思想政治工作者,既要重视学习和运用各种有效方法,又不要墨守某种方法,要在继承一切有效的传统方法的同时,在实践中不断总结创新,并努力提高运用水平,使思想教育工作永远保持旺盛的生命力。

第三章 中华优秀传统文化与高校思想政治教育

第一节 中华优秀传统文化概述

中华优秀传统文化指的是从历史上传承下来并且具备了鲜明民族特性的物质与精神财富的总和。在长期发展中,中华优秀传统文化已经深刻渗透到人们的思想与行为中,并在人们内心形成相应的文化心理与文化个性,逐渐在社会生活的不同层面体现出来,变成一种特殊的文化遗传基因,并给社会的发展带来巨大影响。

中国有着五千多年的历史,中华优秀传统文化也在历史长河中变成一颗璀璨之星,这些沉淀下来的文化遗产,具有丰富性、复杂性和珍贵性等特点。通过中华优秀传统文化可以剖析出不同时代的价值观念与风俗习惯,并且对现在的中国民众的思想与行为产生深远影响。就广义层面而言,中华优秀传统文化代表中华民族在长期发展过程中慢慢形成的不同类型的并且会对整体社会产生影响的、具有稳定精神成果的总和,是在中国数千年的发展历程中演变而成的并决定着现代民众价值观与行为方式的所有精神现象。

从整个历史发展的角度来看,中华优秀传统文化如同一个大型城堡,里面布满了异彩纷呈的传统文化元素,所以为了更好地了解传统文化,当代大学生需要全面了解这些文化的组成要素,并且将其传承下去。马克思曾提到:"人们自己创造自己的历史,但是他们并不是随心所欲地创造,并不是在他们自己选定的条件下创造,而是在直接碰到的、既定的、从过去继承下来的条件下创造。"中华优秀传统文化即为人们"直接碰到的、既定的、从过去传承下来的条件下创造"的,并且对中国的现在与未来产生影响。中华优秀传统文化不只是在博物馆与图书馆中,更是时刻贯穿于人类的社会实践活动中,并通过不同时期的实践完成自我提升与改造。

一、中华优秀传统文化的基本特征

中华民族的优秀传统文化,是我们民族的灵魂和血脉,是应对全球化挑战必不可少的平台,是建设中华民族共有精神家园的深厚文化根基。

科学而合理地评价中国传统文化,要从整体上对中国几千年的传统文化的辩证发展作一规律性的探寻,充分认识中国传统文化本身的特征。这里主要对中国优秀传统文化的主流方面作些规律性探索。

（一）中华优秀传统文化是统一性与多样性的对立统一

中华优秀传统文化虽然在秦汉时期开始形成封建的大一统文化，董仲舒倡导的"独尊儒术"更是把这个统一性推向极致，但这并不意味着中华优秀传统文化只有单一的内容。事实上，中华优秀传统文化是多样性的统一。从内容上看，中华优秀传统文化中既有对自然界的认知，又有关于社会人文的、政治的、经济的、科学技术的思考，其中无疑包含有或多或少的合理而深刻的认识。这是中华民族的共同精神财富，不能因为强调封建社会的意识形态的阶级性而对其合理性也加以否定。而从中华优秀传统文化的时限上看，中国文化有古代的传统，也有近代的传统。再从这一传统文化的学术派别上看，先秦时期就产生了儒、墨、道、法、阴阳、名、兵、农等诸子百家，在以后的发展中又有彼此的会通、融合和衍化，形成了新道家、新法家、新儒学及佛、道宗教文化，等等。若从马克思主义的哲学党性原则来看，中国古代哲学有唯物主义的传统和唯心主义的传统，以及辩证法的传统和形而上学的传统等。再从文化层面上看，人文的价值追求既有哲学的、道德的价值追求，又有个人生命的、科学技术的、文学艺术的、终极关怀的价值追求，所以，评价中华优秀传统文化，如果仅仅局限于某一种领域或方面，往往会失之偏颇。相反，如果我们能正确理解中华优秀传统文化中这种统一性与多样性的对立统一，我们就可能多方面、多层次、多角度地开掘这一文化所内蕴的现代意义，为建设适应社会主义现代化的新文化服务。

（二）中华优秀传统文化是连续性与变革性的对立统一

中华优秀传统文化的连续性在世界文化发展史上是独一无二的。由远古文化到夏商周的三代文化，中华优秀传统文化已表现为一个长期发展、不断积累的过程。春秋时代，孔子整理、总结三代文化的成果，创立了影响深远的儒家学说。继孔子之后，出现了中国文化史上最活跃、最富创造性的百家争鸣局面。至秦汉，董仲舒又倡导"独尊儒术"，他建立的天人感应、阴阳五行、儒道法互补的思想体系，开始成为中国封建社会中长期发挥影响的意识形态。至宋明理学时期，这一传统文化开始走向自己的鼎盛时期。在这一历史过程中，中国古代社会曾历经战争动乱、社会分裂和王朝更替，但中国文化并未中断自己的传统，而是在继承已有成果的基础上，不断地获得发展更新的动力。中华优秀传统文化的延续性与其变革性并不对立。事实上，中华优秀传统文化发展的这种连续性本身就是一个在传统的基础上不断创新的变化过程。仅就先秦而论，从周人对前人的文化维新，到孔子对周礼的重新阐释；从孟子对孔子思想的深化与发展，到荀子对先秦百家争鸣学术的总结与融合，就表现为一个连续性与变革性的统一过程。

（三）中华优秀传统文化是独立性与融通性的统一

中华优秀传统文化的独立性既指这个文化的主体是中国人自己独立创造的，也指这个文化在自己的发展历程中较早地形成了自己的独特体系。考古证明，中华优秀传统文化作为一种本土文化源于远古时代,从那时起我们不仅有着独特的汉字语义和语音体系,而且还以方块汉字为载体独创了民族的哲学、道德、宗教、文学艺术的学术思想体系,形成了华夏民族独有的礼仪典章制度、风俗习惯和民族性格、民族心理,建立了独一无二的诸如中医学那样的医学理论体系。我们还有着独特的虚拟写意的戏曲艺术,气韵生动的中国书画,工整对仗、情理交融的楹联艺术等等。但中华优秀传统文化与世界文化的发展又不是毫无关联的,她对许多的外来文化又有着很强的吸纳和融会贯通性。仔细考察一下唐代文化繁荣的原因就可以发现,传统文化对外来文化那具有非凡的吸纳力和交融贯通性是一个非常重要的原因。仅就宗教文化而言,在这个时期,不仅从印度传入的佛教逐渐中国化,使佛教文化成为中国文化的一个有机组成部分,而且景教(基督教)、回教(伊斯兰教)、犹太教也开始传入中国,使唐文化呈现一派胡曲雅乐各放异彩的繁荣景象。

(四)中华优秀传统文化遵循以人为本、天人合一的生存方式

司马迁在《报任安书》中谈到自己写作的目的是:"欲以究天人之际,通古今之变,成一家之言。"不仅史学家关注天人关系,实际上,中华优秀传统社会中的士人大多都关注这一课题。三代时期,人们对天的认识局限性很大,他们往往认为人事听命于天,即天命主宰人事。在天人关系中,人处于被动地位。然而,周革殷命唤醒了人们对人本身力量的认识,在思想文化界,人们越来越认识到人的力量,人本思想也就产生了。春秋战国时期,人与天的关系越来越走向合一,即人与天是同处于自然界的,两者之间是和谐相处的,而不是处于矛盾和永恒的斗争之中,人应该遵循自然规律办事,依从于自然法则,才能成就人事。而人在争取生存空间的时候,不是被动,而是能动地作用于自然,人命不是完全服从于天命。先秦时期的道家以及儒家的代表人物荀子关于天人关系的论述都是值得借鉴的。

(五)中华优秀传统文化追求至善至美的道德理想人格

中华优秀传统文化说到底是对中国人——理想中国人的一种设计和追求。尽管先秦诸子学派在各自的学说中都有自己的理想人格,但是对后世影响最久、最大的是儒家和道家。儒家的理想人格是践行"仁爱",恪守"礼制",遵循"中庸"之道的道德完善的人,是能够"慎独"的人。道家的理想人格是天人合一的人,是超越自我的人。当今学者对中国传统美德作出了总结,如张岱年先生认为:中华民族有十大传统美德,分别是仁爱孝悌、谦和好礼、诚信知报、精忠爱国、克己奉公、修己慎独、见利思义、勤俭廉正、笃实宽厚、勇毅力行。中华优秀传统文化中这种追求至善至美的道德理想人格对中国知识阶层乃至所有中国人来讲影响深远。

(六)中华优秀传统文化沿袭辩证分析与直觉体悟相结合的思维方式

在中国人的思维体系中最突出的是辩证分析与直觉体悟相结合的思维方式。辩证

分析,强调对事物从整体上看问题,对整体进行综合分析,即从大处着眼,从细微处入手;直觉体悟,强调人对具体事物的感受,从感受中抽象出意义,即崇尚一种观物取象、立像尽意的思维方式。它超越了语言,领悟的是语言不能表述的意义。这种思维方式是将认识主体与认识客体在主体的感悟中浑然一体,达到物我合一的境界。它超越了西方辩证逻辑思维的程序,直见心性。

总之,中华民族的优秀传统文化,内容丰富,内涵深厚。历史上很长时期一直居于世界文化的前列,对中国和东方产生了深远的影响,也为整个人类文明进步作出了不可磨灭的贡献,现在和将来仍然必将对中国和世界的发展进程产生重大影响。在全球化日益发展的进程中,我们必须旗帜鲜明地主张文化的多样性。一个不尊重自己的历史、不能发扬光大自己文化传统的民族是没有未来的民族。大力弘扬优秀的民族传统文化,在当前有着特别重大的意义和紧迫性。在文化的多样性日益受到重视的今天,我们必须重新审视中华民族传统文化的意义和价值,采取切实可行的对策提高中华文化的影响力,增强我们国家的文化竞争力。

二、中华优秀传统文化的基本精神

(一)天人合一的整体精神

中华优秀传统文化从源头上,就把宇宙看做一个整体,强调自然和社会的统一性。《周易大传》在本体论上主张"太极阴阳论",认为太极是天地的根源,天地是万物的根源,认为"有天地,然后有万物;有万物,然后有男女;有男女,然后有夫妇",肯定了人类是万物发展的产物,是万物的一部分。宋代张载明确提出"天人合一",肯定了人与自然的统一。天人合一观认为人和天地组成了一个统一体,他们应该加以协调,而不能互相取代。人的生活必须服从自然界的普遍规律,自然界的普遍规律和人类道德的最高原则是一而二、二而一的。"至中和,天地位焉,万物育焉",强调人与自然的统一,人与自然的协调,人的道德理性与自然理性的一致。这种思想体现了深刻的哲学世界观和价值观。

(二)刚健有为的自强精神

《易经》中说:"天行健,君子以自强不息。"意思是天体运行,永无止境,君子要效法天,也应自强不息,这是中国人积极的人生态度的最集中的理论概括和价值提炼。孔子周游列国,宣传自己的思想主张,虽屡屡碰壁,仍"知其不可而为之"。老子说:"自胜者强,知足者富,强行者有志,不失其所者久。"墨子也认为,国家的安危治乱、个人的荣辱富贵,都取决于人们自己的努力。中华民族在改造自然与社会的历史过程中,从来都没有被艰难险阻所吓倒,反而越是艰险越向前,百折不挠,越挫越勇。正如司马迁在《太史公自序》中所列举的:"盖西伯拘而演《周易》;仲尼厄而作《春秋》;屈原放逐,乃赋《离骚》;左丘失明,厥有《国语》;孙子膑脚,《兵法》修列;不韦迁蜀,世传《吕览》;韩非囚秦,《说难》《孤愤》;《诗》三百篇,大抵圣贤发愤之所为作也。"他本人在惨遭宫刑之后,忍辱负重,写成了千古名著《史记》。

(三)人格修养的崇德精神

中国传统文化认为,"太上有立德,其次有立言,其次有立功。虽久不废,此之谓不朽"。一个完美的人应该做到立德、立言、立功,而"德"是居首位的。孔子曾说,"以直报怨,以德报德",德的核心问题是"仁"。"仁"是讲"己所不欲,勿施于人"或"己欲立而立人,己欲达而达人"。中国古代先哲崇尚气节,重视情操,强调行为符合道德规范要求。孔子主张"义以为上",即道德的价值是至高无上的,道德具有内在价值,是人类社会的基础和主导。孟子强调"富贵不能淫,贫贱不能移,威武不能屈",要求"唯义所在"。他们认为精神境界的升华,理想人格的实现,都离不开个体道德修养。人格修养被认为是立身处世,实现人生价值的根本,"自天子以至于庶人,壹是皆以修身为本",把修身视为"齐家治国平天下"的前提。各家各派都提出对道德修养的理论和方法。如"慎独""自省""静坐"等。

(四)贵和尚中的和谐精神

"和"是一个有着丰富而深刻内涵的范畴。中国思想史上对"和"做了界定:"和"是多样性的统一,万事万物都有着内部固有的和谐,整个世界是一个内在和谐的系统;"和"是事物生成的原因,也是万物兴旺发达、社会稳定发展的原因。孔子说:"礼之用,和为贵。"礼之运用,贵在能和。"和"与"同"在中国文化中是两个不同的范畴。"和"是众多不同事物之间的和谐;"同"是简单的同一。与"贵和"的思想联系在一起的是"尚中"。"和"是一种状态、一种理想,而达到"和"的手段和途径则是"持中"。这个"中",是说凡事都有一个恰当的"度",即做事应恰如其分,反对"过"与"不及"。孔子主张"执两用中""过犹不及"。《尚书》云:"士制百姓于刑之中。"就是说执行刑罚要不偏不倚,合乎标准。孔子也认为作为标准的"中"不是一成不变的,而是随着时间和条件的变化而变化。他说:"君子之中庸,君子而时中。"

三、中国传统文化的十大美德

(一)仁爱孝悌

这是中华民族美德中最具特色的部分。"仁"是中华民族道德精神的象征,是各种道德中最基本的也是最高的德目,而且在世俗道德生活中也是最普遍的德性标准。"仁"德的核心是爱人,即"仁者爱人";孝悌之德的基本内容是父慈子孝、兄友弟恭,它形成了一种浓烈的家庭亲情,对家庭的关系,从而对中国社会的稳定起了极为重要的作用,是民族团结的基石。孝悌之情扩展是"忠恕","忠恕"之德的基本要求是以诚待人,推己及人,即"四海之内皆兄弟""不独亲其亲,不独子其子"的社会风尚。由此形成了中华民族大家庭社会生活中浓烈的人情味和生活情趣。爱人、孝悌、忠恕是仁德的基本内容,也是中华民族传统美德的集中体现。

（二）谦和好礼

中国是世界闻名的礼仪之邦，"礼"是中国文化的突出精神，好礼、有礼、注重礼仪是中国人立身处世的重要美德。"礼"是中华民族的母德之一，它根源于人的恭敬之心、辞让之心，对道德准则的恭敬和对兄弟朋友的辞让之情。"谦受益、满招损"这是中国人自古就懂的道理，谦德亦根源于仁德、辞让之心，其集中体现就是在荣誉、利益面前谦让不争，以及人际关系中的互相尊重。"和德"体现在待人接物中的"和气"，在人际关系中为"和睦"，在价值取向上为"和谐"，而作为一种德性为"中和"。"礼""谦""和"都体现了中华民族的美好情操。

（三）诚信知报

"诚"即真实无妄，其最基本的含义是诚于己，诚于自己的本性。以"诚"为基础，中国人形成了许多相关的道德，如为人的诚实，待人的诚恳，对事业的忠诚。"信"是守信用、讲信义，它的基本要求是言行相符，"言必行，行必果"。"报"即知恩图报，"滴水之恩，当涌泉相报"。这些也都是组成中国人道德良知和道德良心的重要成分，是中国道德质朴性的重要表现。

（四）精忠报国

对祖国深厚的爱国主义情感是最质朴的情感和品性，它作为一种"千万年来巩固起来的对自己祖国的一种深厚的感情"是爱亲人、爱家的情感升华，由此也形成一种捍卫民族尊严、维护祖国利益的崇高品德。精忠报国、保家卫国的精神是中华民族巨大的凝聚力，也是推动民族发展的巨大精神力量。

（五）克己奉公

中华民族由于家庭本位的社会结构和礼教文化的传统，培育了一种整体主义的精神，并在此基础上形成克己奉公的美德。"礼"的精神本质上是一种秩序的精神，突出的是整体秩序对个体的意义，要求个体服从并服务于整体。因而奉公就必须克己，克尽己私便是公，亦即天理，"克己"即克制己私超越自我，服从整体。克己奉公的精神本质上是先公后私，个人私利服从社会公利的精神。这种"公"的精神培育是强化对社会、民族的义务感和历史责任感。

（六）修己慎独

性善的信念和性善论的传统，使得中国伦理道德，乃至整个中国文化，都建立在对人性尊严的强调与期待上。这种集中体现以律己修身为特征的道德修养学说强调自主自律、自我超越以维护人伦关系和整体秩序，建立道德自我，其基本精神是"求诸己"。"慎独"就是在自我独处时要严于律己,戒慎恐惧,"如临深渊,如履薄冰"。修己慎独的修养传统培养了中华民族践履道德的自觉性与主动性,造就了许多具有高尚品质和坚定节操的君子人格。

(七)见利思义

对义利关系的处理集中体现了中国伦理道德的价值取向。先义后利、以义制利是传统义利观的基本内容和合理内核,也是中华民族十分重要的传统美德。以义为人的根本特点和价值取向,是中华道德精神的精髓,它升华为"生以载义""义以立生"的人生观,升华为中华民族"杀身成仁,舍生取义"的崇高道德境界。这种道德观念是鼓舞志士仁人为民族大业义无反顾地献身的重要精神力量,也是中华民族崇高道德人格的光辉写照。

(八)勤俭廉政

中国人民历来就以勤俭节约、廉明正直著称于世。他们以劳动自立自强,形成了热爱劳动、吃苦耐劳、诚实勤奋的优质品质。"俭以养德"就是要求"淡泊明志,宁静致远",对为政者说则主要是廉德。廉既是对为政者的要求,也是一般人应有的品德,因为无"廉"则不"洁",无"廉"则不"明"。"廉"的本意是在取舍之间,取道义,舍邪心,严格自我约束。有了"廉"才可能做到"正"。"正"是遵循公益和道德。勤俭廉政既是中华民族共同的价值取向,也是中国人共有的美德。

(九)笃实宽厚

中国传统道德崇尚质朴、朴素的精神。中国人在为人处世方面,以"实"为标准,反对虚伪虚妄。在长期的道德实践中,中华民族形成了许多以"实"为价值标准的规范和美德。如老实、诚实、求实、踏实、实在等,形成崇尚实干、反对空谈的务实精神和实践精神。在待人接物上,中华民族一向以宽厚为美,严于律己,宽以待人。在人际交往中,中国人"将心比心""以心换心"。在现实生活中,通过宽厚的道德人格来打动别人,达到任我沟通的目的。日常生活中的宽容大度,宽宏大量,忠厚长者等道德评价,都是中华民族宽厚品德的体现。

(十)勇毅力行

这是中华民族在践履道德方面所具有的德性和德行,或者说是在道德意志方面所体现的美德。"勇"有凭力气的血气之勇,有凭意志的意气之勇,理直气壮、恪守坚定的道德信念的"大勇"。"毅"是在艰难困苦中坚持下去的毅力,以及在遵守道德准则方面的毅力。中国人十分重视"力行"的美德。中国文化认为,人格的完善、社会的进步,重心不在知遇言,而在于行。"君子讷于言而敏于行",正是这种勇毅力行的美德,使得中华民族在各种险恶的环境中能够化险为夷、自强不息、不断前进。

第二节 中华优秀传统文化与高校思想政治教育的融合

一、中华优秀传统文化与高校思想政治教育的内在联系

教育与文化一样都具有传承性特征,以教育形式传承和弘扬本民族文化及精神,这也是教育必须承担的重要职责。文化兴起以后产生了教育,教育随着文化发展而发展,文化也会提升教育生命力。文化属于教育重要内容,对被教育者进行教育,能够从整体上提升其综合素质,进而达到传承文化和弘扬文化的目的。此外,教育还能对文化传承和发展起到支撑作用。

(一)高校思想政治教育的文化属性

从本质上来说,思想政治教育属于文化现象之一,高校思想政治教育能够体现文化意义,两者之间具有不可忽视的联系。高校思想政治教育的实践活动,是以政治标准、道德和思想观念等为依据,对大学生开展有目的和有计划的教学活动。若大学生在政治和思想等方面能够达到一定标准,并加强积极的训练,便能够与社会发展和个体发育需求相符。只有将思想政治教育植入到优质土壤中,才会有积极动力向前发展,进而发挥更好作用。

从字面意义上理解,文化就是以文教化。教化就是利用思想信仰和价值观念来对被教育者的思想和行为进行规范。从本质上来讲,高校思想政治教育就是一种特殊类型的文化教育类型,是传播文化的一种途径,其文化属性和文化烙印十分深厚。不管高校思想政治教育是道德规范或意识形态的传播,还是以何种方式呈现出来,其均能够真实地呈现出一个民族乃至一个国家的核心价值,这属于文化不可或缺的组成部分。高校思想政治教育必须与文化结合起来,不能与文化脱轨,要发挥文化潜在张力作用,助力其发展。

一直以来我国优秀传统文化对培养大学生价值取向、行为规范和伦理道德等方面十分重视,要求大学生形成良好的人格修养,弘扬正气并倡导以人为本,这一点与大学生教育目标、功能和理念非常符合。高校思想政治教育必须承担思想政治教育责任,同时还负有转化和创新传统文化的使命,最终能否达到预期目标,是由其与优秀传统文化融合程度决定的。

(二)中华优秀传统文化的思想政治教育底蕴

思想政治教育是由文化衍生而来,同时又建立在文化载体之上。高校开展思想政治教育就是为了提高学生政治素养和道德品质。我国优秀传统文化涵盖了多方面,包括价值观念、行为和道德等,是高校思想政治教育的重要组成部分。其中所具有的思想政治

元素非常多,能够切实地保证思想政治教育的动力和活力。如果不将优秀传统文化融入思想政治教育中,那么高校思想政治教育也就没有了立身之本和光泽。

对于目前形势而言,高校思想政治教育受到了多样化文化和外来文化等多方面的影响,要发展高校思想政治教育,就需要对这些文化中的精华进行借鉴,而这也是国家发展的必经之路。值得注意的是,任何国家和地区借鉴其他文化必须建立在与自身固有传统文化相符的基础上,也就是必须与固有传统文化相结合,只有这样才能真正向前发展。文化系统覆盖了所有个体,不管高校是否意识到文化的存在,但是在其成长过程中必定会受到文化系统潜移默化的影响。

我国优秀传统文化种类多样且涉及面广泛,对高校思想政治教育是一种非常有力的补充,将两者进行结合,必定能够发挥出良好的协同作用。高校思想政治教育旨在培养大学生的思想观念、价值取向和政治立场等,我国优秀传统文化同样能够发挥出这方面的作用,两者之间具有不可分割的关系。古代文学中有诸多思想政治教育内容,其中包含了道德规范和价值取向,比如"鞠躬尽瘁,死而后已"和"位卑未敢忘忧国"等。分析两者的性质可知,传统文化本身具备非常浓烈的思想政治教育属性,因此高校应很自然地将我国优秀传统文化和思想政治教育结合在一起,进而助力高校思想政治教育创新发展。

二、中华优秀传统文化对高校思想政治教育的价值

我国有许多博大精深的传统文化,对其中的精华进行学习和掌握,能够为树立价值观和人生观等提供帮助。我国优秀传统文化能够引导我们如何看待问题、应怎样对待生命和世界、如何建立正确的价值观和人生观等,其中蕴含的人生哲理能够为思想政治教育提供丰富的资源。若无法将传统文化传承下去,或者是高校思想政治教育没有让学生良好地学习,那么就无法保证学生的人生按照正确的方向前进。基于此,我国需要对高校传统文化教育给予重视,其一方面能够让大学生道德水平和人文素养得以提升,另一方面能够对他们的心灵进行净化,进而传承并弘扬我国优秀传统文化,进一步完善思想政治教育途径,使其发挥出协同作用。

(一)可以为高校思想政治教育提供丰富的教育资源

从本质上来说,我国高校思想政治教育就是由传统文化衍生而来的,抑或传统文化是思想政治教育的根本,因此两者之间有非常紧密的联系。如果高校思想政治教育没有得到传统文化的熏陶和浸染,那么前者也就失去了根本,也就无法体现出生命力和创造力。高校思想政治教育,就教育本身而言应是多元开放的,在对外来文化精华进行吸取的同时,也需要保持本土文化的特色,基于现在面向未来。我国优秀传统文化是发展的根基,在丰富高校思想政治教育内容的同时,也能够提供资源供思想政治教育借鉴。社会主义文化高速发展,为思想政治教育准备了更为广阔的空间,进一步完善思想政治教育内容,这也是时代发展的必然选择。

1. 丰富了高校思想政治教育内容

高校思想政治教育与政治理论和政治观点等存在紧密的联系，同时还涉及深层次的价值取向和理想信念等因素。我国优秀传统文化当中存在着多种类的思想政治教育元素，对其进行梳理和利用，能够增加高校思想政治教育的内容并丰富其资源。

任何民族发展的烙印都会通过传统文化表现出来，而这也是传统文化的精华，对其进行把握，增加传统文化与思想政治教育的融合程度，前者为后者源源不断地提供养分，让高校师生能够形成良好的价值理念和健康人格，进而养成良好的道德意识。

自古以来，我国对善恶美丑、道德品质和诚信友善等方面十分重视，而我国优秀传统文化中均包含了这些元素。古人对待国家、道德和人生的态度，从众多诗句中便可感受到，如"己所不欲、勿施于人"和"不为穷变节，不为贱易志"等，我国高校思想政治教育应对这些宝贵的传统文化资源进行合理利用。然而，我国尚未充分挖掘传统思想政治教育，也没有从传统文化中寻觅思想政治教育元素，因此现如今的高校思想政治内容并没有包含过多的传统文化。充分结合我国传统文化和思想政治教育，能够将具有特色的文化资源融入高校思想政治教育内容当中，可起到完善思想政治教育内容的作用。

2. 丰富了高校思想政治教育方法

我国从古至今出现了众多声名赫赫的教育家和实践家，如韩愈、孟子、孔子和王阳明等，他们均非常重视以德树人，这一点从诗句中便能够感受到，如"其身正，不令而行；其身不正，虽令不从"和"师者，所以传道授业解惑也"等。教师在传道授业之前必须正其身，丰富自身知识并提高道德修养，通过自身良好的行为来引导学生，发挥示范带头作用，从而教化学生。我国优秀传统文化中还有诸多启示今人的故事。因材施教方面，在古人看来，人的能力、家庭背景和出身等各个方面都不同，因此在教育时应结合这些方面，并运用不同方法进行针对性教学，进而发挥优势弥补劣势，最终实现预期目标。同时，还需重视学与思结合的教育方式，这一点可从诗句"学而不思则罔，思而不学则殆"中得到验证。教师应引导学生有效结合学习与思考，切实提升被教育者接受教育的主动性和自觉性。要重点关注知行合一，知与不知当有明确界限，相较于知而言，行的意义更大，知思尚有不足，还需要行动起来。明代理学大师王阳明十分重视这一点，由其诗句"知中有行，行中有知，以知为行，知决定行"便能够看出来。从道德教育角度思考，王阳明十分反对知行分离，并表示知善恶是良知，格物则去善去恶，现代教育应对王阳明的知行合一思想进行借鉴，这意义十分重大。优秀传统文化中包含了多种智慧和真知的教育方法，发展至今这些观点依然能够照亮人的心灵，它为思想政治教育、家庭教育和社会教育提供了丰富的素材。

(二)有利于提升高校学生对优秀传统文化和民族精神的认同

南怀瑾是我国著名的国学大师，其曾经表示民族没有文化根基，就必定没有未来。民族没有自己的文化，就无法让民众凝聚在一起，而只能一味地效仿外国人。若民族没有文化就没有信心，也就得不到其他国家的尊重。我国经过五千多年的发展，有着丰富的传统文化,其支撑着中华民族向前发展,并成为世界不可或缺的组成部分,这也是我国人民安身立命的根本。我国要良好地传承和弘扬优秀传统文化,让后代了解并熟悉我国优秀传统文化的魅力和价值,只有这样才能让中国人有良好的精神依托,牢牢把握思想重心。自党的十八大以来,党中央对优秀传统文化的重视程度明显提高,并将其列入议事日程当中。如今,我们需要思考的是高校和相关行政部门应该怎样做和做什么。

(1)教育主管部门应从顶层设计上来完善法律法规,站在宏观层面来融合优秀传统文化和高校思想政治教育,若条件允许应从小学开始进行思想政治教育,逐步开启复兴国学的大门。

(2)高校应积极研究优秀传统文化并进行阐述,要求此方面专业教师对古典书籍进行查阅,以创新发展和继承为核心,系统地研究和阐述我国优秀传统文化。

(3)进一步拓宽高校优秀传统文化的教育范围,组建优秀教师团队,在此基础上有序推进学科建设工作。对我国优秀传统文化进行深入研究的学者,应鼓励他们设讲座和开讲坛,激发大学生对我国优秀传统文化的兴趣,丰富教育方式,营造良好的课堂氛围,进而达到提升高校学生民族精神和思想品质等作用。因此高校思想政治教育设计考试题时应对这一方面予以支持。

从我国优秀传统文化中能够感受到我国人民的性格气节,还有让我们立足于世界的根本和精神气魄。古诗句中有非常多的激励句子,例如,"君子以自强不息"和"利于国者爱之,害于国者恶之"等。同样,在"先天下之忧而忧,后天下之乐而乐"这一诗句中也能够感受到我国人民的爱国情结,从古至今一直都存在。像这样的金句可以从我国优秀传统文化经典中找出很多,而这也是我国优秀传统文化一直传承下来的直接原因,它们经历千年饱经沧桑,依然能够做到历久弥坚。此处,我们将传统文化中的思想政治教育内容挖掘出来,主要是为了使其引导我们如何做人做事。让大学生在课堂当中学习传统文化,本质上就是为了给大学生们走向社会打好基础。我国优秀传统文化中有大量关于如何做人做事、如何处理公私关系及怎样处理家国关系的内容,让大学生理解并认同其中的观念,走入社会之后便能够按照正确方向前进。同时它们还有非常好的激励功效。以儒家思想为代表的传统文化中有非常多的道德励志因子,提取这些元素后与现代法治契约精神结合在一起,就能够对一个人的整个人生产生影响。即使在人生道路中有诸多坎坷,在其心中也有一个天平来衡量,正确判断是非对错和善恶,始终在坚持自己底线的基础上生活,不会做出任何越过道德和法律的行为,积极努力追求自己的梦想。而这也是我国优秀传统文化最核心的价值。

最后,我国优秀传统文化还能对中华民族的"根"与"魂"给予支撑。我国优秀传统文化在对个体生命进行影响的同时,甚至能够对整个民族的兴衰产生直接影响。作为我国民族精神的纽带和根基,也只有传统文化这一直不变的精神,才能够牢牢地将中华民族的精神凝聚在一起。若我国大学生可以真正感受到我国优秀传统文化的魅力,从而能够真正认识和认同优秀传统文化,也就能够产生非常积极的引导作用。经过长时间的熏陶,大学生便能够成为优秀传统文化的受益者和传播者,进而最大限度地发挥出提升中华民族自信心和自尊心的作用。

（三）有利于高校学生树立正确的价值观和道德观

党的十八大报告指出，我国要引导大学生形成良好的人生观和价值观，正确认识并认同爱国、友善、和谐和诚信等价值体系。我国优秀传统文化涉及的内容与社会主义核心价值观体系相符，让大学生进行学习和理解，也是传承和弘扬文化的一种有效手段。社会主义核心价值观需要努力探索出中华传统文化当中的精华，为自身注入源源不断的活力和动力。高校学生正处于成长的关键阶段，教师必须在此期间通过有效方式进行正确引导，形成良好的思想和道德观念。如果能够达到这一目标，必定能够发挥出是事半功倍的效果。

我国优秀传统文化中关于如何做人、做事的方法有很多，而我国高校思想政治教育目标就是教会大学生如何做人、做事，在此期间形成的人生观和价值观，对其一生的成长和发展有着非常重要的关系。高校学生正处于形成人生观和价值观的关键时期，因此更需要得到教师的指导和支持。

中华优秀传统文化中有许多关于中华民族精神的因素，而这些因素中又有许多内容可作为高校思想政治教育的重要资源。优秀传统文化中包含了大量有关形成人生观和价值观的内容，包括自强不息、尊老爱幼、团结协作及追求真理等，还有许多的爱国情怀，能够正确引导学生学习并理解仁、义、礼、智、信。一句"未知生，焉知死"便警醒世人，进入社会需要积极自信，用自己的双手抓住命运的咽喉，创造美好生活。而一句"天下兴亡，匹夫有责"便告诫人们，国家兴亡和民族兴衰与每个人都存在关系，需要担负起自己的责任，积极奋斗，发挥出自己的光和热。

高校思想政治教育要求大学生形成良好的价值观和道德观，而我国优秀传统文化中的许多内容能够为高校思想政治教育提供充实的动力和源源不断的活力，因此我们需要深入挖掘并进行合理利用。充分融合高校思想政治教育和传统文化，在健全当代大学生思想品格的基础上，还能够让他们的心灵得到净化，进而积极向上、乐观坚强，承担起自身应该承担的责任和义务。思想政治教育者通过引导和鼓励，让大学生形成良好的人生观和价值观，这一研究本身就有重要意义。

（四）有利于应对全球化对高校思想政治教育的挑战

在全球化进程加快的背景下，各个国家之间进行政治、文化和经济往来越来越频繁，因此各国的文化思想、价格观念和其他资源要素迅速传播，并不会受到时间、地理和国际等因素的影响，这为思想政治教育带来了极大的挑战，同时也能够提供全新的发展机遇。我国传统文化应与时代节奏同步，成为高校思想政治教育的重要组成部分，而不是仅为了达到全新的跨越式发展目标。

一直以来，高校发展旨在实现独立、包容和开放等，大学校园聚集了多种形式的学说和思想，为现代化教育发展提供了重要助力。各种思潮在高校聚集，在校大学生难免会受到一定程度的影响。因大学生缺乏社会阅历,对于多样化思潮及社会上、网络上的各种观点带来的影响和冲击,无法正确辨别,导致部分大学生思想出现动摇,价值取向有所偏差,存在功利主义和个人主义,对待事情没有责任心。

市场经济及互联网普及造成的影响应通过及时变革高校思想政治教育模式来应对,高校思想政治教育应与时俱进,保护传承我国优秀传统文化,进一步提升学生应对外来不良思潮的能力。

(五)有利于促进高校思想政治教育工作形成新机制

如今,高校不仅是开展思想政治教育的主要场所,还是弘扬和传承我国优秀传统文化的阵地。进入新时期,培育和践行社会主义核心价值观的方式之一,即构建全新的高校思想政治教育工作机制,这也是高校思想政治教育发展必须立即解决的重要问题之一。有效融合高校思想政治教育和我国优秀传统文化,属于创新高校思想政治教育工作机制的重要方式。

我国传统文化中有精华也有糟粕,这需要教育工作者要具备良好的辨别能力,从中识别精华并剔除糟粕。作为我国优秀传统文化的弘扬者和传承者,高校思想政治教育者必须有能力融合我国优秀传统文化和思想政治教育,以推动两者共同发展。

我国历史上有众多教育家和哲学家提出了有关思想政治教育的观点,提出了多样化的思想政治教育方法,高校进行思想政治教育可对其中的观点进行借鉴,如言传身教和因材施教等。高校思想政治教育创新可从我国优秀传统文化中汲取营养,优秀的传统文化也能够为思想政治教育提供动力。我国优秀传统文化中的教育理念,对言传和身教均十分重视,要求做到言行和知行都能合一,此种理念与高校研究中的案例分析和实地调查的理念相符。我国优秀传统文化能够丰富思想政治教育内容,从而进一步完善高校思想政治教育人文精神,提升思想政治教育人文价值和意义,创新高校思想政治教育工作方式。

三、中华优秀传统文化融入高校思想政治教育的必要性与可行性

(一)中华优秀传统文化融入高校思想政治教育的必要性

1.从理论角度分析
(1)高度重视中华优秀传统文化教育能够有效抵制错误文化

1978年我国实行改革开放,社会主义市场经济替代了计划经济,部分人此时开始质疑,认为我国优秀传统文化与时代潮流不符,甚至考虑完全淘汰。在开始实施社会主义市场经济时,尚未形成成熟的体系,社会上存在大量的个人利己主义和拜金主义,以至于无法准确判断道德好坏,没有确切的道德标准界限,出现了大量的社会道德问题。从本质上来说,就是没有认可我国的优秀传统文化,更别说民族自豪感和民族自信心了。国

内外形势变化非常快,我国政府为了将我国优秀传统文化传承并弘扬开来,采取了多种措施。人们接受教育便能够理性对待外来文化,做出正确的选择,从而重新思考民族文化价值。经过实践发现,任何否定自身民族历史和民族文化的行为都是错误的,我们需要将优秀传统文化一代一代地传承和弘扬下去,进一步提升思想政治教育力度,进而形成良好的传统文化道德体系。

(2)有效结合优秀传统文化和思想政治教育,这是复兴中国梦的一种有效方式

文化本身具备极强的民族性特征,各个民族在发展过程中都会形成特有的文化,是民族向前发展的动力,也是人民情感的结晶。文化本身并无国界之分,国家和民族向前发展必须要有自己独立的文化作为基础和动力,只有这样才能够凝聚整个民族的民心,为了实现壮大民族和壮大国家目标而积极奋斗,最终达成伟大复兴中国梦的目标。要实现这一目标,第一步就是要让中国人民认同民族文化。我国要实现伟大复兴的目标,就必须充分挖掘传统文化中的精华,打好传统文化这一基石,只有这样才能够重新屹立于世界之巅。中华儿女要树立民族自信,就需要重视思想政治教育,要理解并认可我国优秀传统文化。以思想政治教育为基础,让我国大学生接受优秀传统文化的熏陶,发挥自身力量来助力实现我国民族复兴梦。

2. 从现实角度分析

(1)中华优秀传统文化思想政治教育还没有得到良好的效果

几千年形成的传统文化,最初是有关三皇五帝的神话故事,而后是春秋时期的百家争鸣,再后来是儒、释、道三教合流,最终形成了以儒家文化为中心的文化架构,道家、法家和佛教思想在其后相互融合。在此文化的熏陶下,人们认为中庸之道才是培养我国人民的有效途径。儒家一直以来追求"修身、齐家、治国、平天下",道家认为应做到无为和不争。受中华优秀传统文化的长期影响,我国青少年才能够形成良好的品德和品质。然而,现实当中还有一小部分青年尚未形成爱国思想,认为享乐主义和个人主义才是正确的。出现这一现象的主要原因是我国爱国教育中的优秀传统文化尚未发挥出良好作用。

(2)缺乏优秀的传统文化教育

高校学生因没有形成健全的价值观和品德,也就无法实现全面发展。作为祖国接班人的大学生,若无法全面发展必定会极大地影响我国发展。新一代大学生出生时周围便充斥着多元文化,而这些多元文化,必定会或多或少地对年轻人产生一定的影响,如认为个人主义高于一切,不努力奋斗,在选择个人利益和集体利益时无法做出正确的决定。人们的生活节奏因为高速发展的经济开始加快,大学生日常学习和生活也面临了诸多压力,因而产生了大量社会问题。我国改革开放正在逐步加深深度,出现了多样化的利益关系、就业形势和组织方式等,人们思想也发生了相应的改变,独立性、多变性和选择性明显增强。这些因素能够正面利于大学生形成创新意识、成长意识和自强意识,然而其中也存在诸多隐患,我们必须对这部分负面影响给予高度重视。部分大学生在思想上存在或多或少的问题,如没有清晰的理想信念、没有浓厚的诚信意识、没有良好的心理素质等。对此,我国需要在思想政治教育上加大投入力度,对思想道德基础进行巩固,进一步

提升思想政治教育培育力度,在强基固本和凝魂聚气时,能够将社会主义核心价值观作为基础和根本。道德教育和实践还需要进一步完善。培养思想政治教育者,让其具备良好的思想道德素质和过硬的专业知识,能够承担起塑造和教育大学生人格的责任,为我国未来发展培养出一批优秀的接班人。高校急需将优秀传统文化和思想政治教育课程进行融合,进而传承和弘扬中华民族传统美德和优秀文化。

(3)高校课堂教育并没有充分重视思想政治教育

我国逐步提高了对素质教育的要求,大学课堂同样将专业课程作为教育重点。大学生大部分课程是专业课程,并没有充分重视传统美德教育和思想政治教育等课程。大部分学生选择思想政治教育课,只是选修课,部分学校并没有强制必修,而且思想政治教育课占的学分非常低,因此也吸引不了大学生,进而忽略了思想政治教育的重要性。

(二)中华优秀传统文化融入高校思想政治教育的可行性

1. 从国家层面来说,需要对我国优秀传统文化在思想政治教育中的作用给予重视

中共中央办公厅、国务院在2017年初发布了《关于实施中华优秀传统文化传承发展工程的意见》,由此可以看出我国十分重视优秀传统文化的传承,同时为充分融合传统文化和思想政治教育找到了方向。

我们必须充分挖掘传统文化中的价值,指导中华儿女按照正确方式来认识和改变世界,助力国家向前发展。在党与国家高度重视下,有效结合思想政治教育和优秀传统文化,以此为基础来助力高校思想政治教育创新,为未来发展打下坚实基础。

2. 中华优秀传统文化与思想政治教育具有共通性

我国优秀传统文化和思想政治教育在诸多方面相似,这为优秀传统文化融入高校思想政治教育奠定了良好的基础。

(1)思想政治教育属于马克思主义重要组成部分,与马克思主义一样具有与时俱进的特征。我国优秀传统文化经历了数千年的洗礼,对各个时代的特征进行了结合,在此基础上不断演练,如今呈现在大众面前。

(2)我国将优秀传统文化认定为一种教育功能,一直以来对优秀传统文化的引导功能十分重视。高校思想政治教育同样对大学生的引导和教育功能十分重视,规范化和制度化管理大学生的日常学习与生活,确保其形成良好的身心健康,朝着正确的方向前进。

(3)高校思想政治教育和优秀传统文化均具有为我国发展培养人才的职责

我国的思想政治教育具有非常浓厚的无产阶级特征,始终坚持社会主义和共产主义道路,始终保持与中国共产党相同的宗旨和纲领。中华优秀传统文化和高校思想政治教育都十分重视培养人们的爱国主义,结合这两者便能让大学生积极主动学习,为实现共同富裕目标而不懈努力,成为国家政治生活的一员,为国家发展贡献自己的聪明才智。

(4)高校思想政治教育坚持的教育原则和优秀传统文化十分相似

高校思想政治教育要求坚持示范原则,优秀传统文化也要求以身作则。思想政治教育者在开展思想政治教育期间,应通过自己的行为来引导受教育者,进而逐步提升大学

生的思想品德水平。从我国优秀传统文化中可以找出大量有关以身作则的故事,同时,思想政治教育要求教育者始终遵守层次原则,也就是要求思想政治教育者立足于实际情况,找到受教育者之间的差异,采用差异化教育方法,对不同学生进行层次教学,区别对待,对先进进行鼓励,对大多数给予照顾,有效结合广泛性和先进性要求。我国优秀传统文化中有诸多故事也能够体现出这一论点的正确性,由此能够看出我国古代的传统教育,同样蕴含了大量教育方式,如"因地制宜,因材施教",同样要求教育者应结合实际情况进行差异化教学,只有这样才能兼顾大多数,也能照顾少数,进而实现提升教育质量和教学效果的作用。

马克思主义理论学科中包含了思想政治教育,要充分发挥其教育属性,就需要找到问题的根源,以此为出发点才能走得更远。对此,应充分挖掘传统文化中的教育资源,正确引导学生,形成人生观和价值观。当代大学生要传承优秀传统文化,就必须结合当下时代特色和实际情况,汲取营养改变自身,从而发挥出文化具备的教育功能。我国优秀传统文化在诸多方面与思想政治教育相通,上面所述只是非常小的一部分,但是依然能够看出我国高校思想政治教育融合优秀传统文化的必要性和可行性。

3. 学生有接受中华优秀传统文化的内心需求

我国兴起国学热之后,参加孔子学院的志愿者数量明显增加,大学校园中的传统文化社团占比同样在增加。由此均能够看出,当代大学生非常热爱优秀传统文化。如今,手机和电脑等电子产品覆盖了人们生活的方方面面,学生利用碎片时间就可在网络平台上学习优秀传统文化。大学生日常生活和学习中,常常会面临各种难题,经优秀传统文化熏陶之后,便能够找到正确处理问题的办法。传统文化教育并不能一蹴而就,需要花费大量的时间。因此,必须站在现实和历史角度进行综合考虑,从五千多年历史文化中汲取分散的养分,从而找出传统文化的现实意义和历史价值。

第三节 中华优秀传统文化应用于高校思想政治教育实践

中华民族在几千年的发展历程中积累了大量文化,为我国生存和发展提供了智力支持和精神财富。在政治多元化和经济全球一体化背景下,我国加快了社会主义建设的步伐,因此我们必须做好思想政治教育工作,以弘扬中华民族传统美德和中华风采,将优秀文化传播开来。

一、转变教学观念,优化思想政治课程教学

(一)系统开设中华优秀传统文化通识课程

要让大学生形成良好的人生观和价值观,采用思想政治教育课程进行引导无疑是一种有效途径。在提升大学生法律、思想品德和政治等方面素质时,教材发挥了知识载体作用。因此，各个高校必须在教材中加入传统文化，结合本校政治教育实际情况，充分发挥地方传统文化优势资源作用，从中选择优质且具有特色的传统文化编撰到传统文化教材当中，能够在一定程度上完善思想政治教育教材。此外，以马克思主义中国化为中心的教育思路始终离不开思想政治教育教材，马克思主义中国化当中必定包含了我国优秀传统文化和马克思主义两项重要内容。所以，在设计校本教材期间，需明确我国优秀传统文化与马克思主义在哪些方面能够衔接起来，对我国优秀传统文化进行合理利用，进一步完善思想政治教育内容。此种方式在对我国优秀传统文化优秀成果进行优化的同时，还能够进一步提升高校思想政治教育质量。举例来说，我国要提升大学生在国家制度、文化、民族等方面的自信时，可以将我国优秀传统文化当中的"天下兴亡、匹夫有责"这一具有浓厚家国文化的内容加入教材当中。而要在增加大学生生态文化素养时，可将我国优秀传统文化中提到的"天人合一"加入教材中，让大学生能够尊重自然。又比如在建设大学生社会主义核心价值观时，可将"仁、义、礼、智、信"进行讲解，并以"三尺巷"等故事作为切入点，为学生讲解与他人和与社会相处的方式。在教材中加入优秀传统文化，一方面能够让大学生感受到我国优秀传统文化特色；另一方面能够让大学生弘扬优秀传统文化思想，成为新时代真正的接班人。

（二）将优秀传统文化教育融入思想政治教育实践活动中

大学生社会实践能够产生诸多作用，包括加快大学生健康成长、有效结合理论与实践、增强思想觉悟等。在实践中加入传统文化，能够对当地传统文化资源进行合理利用，在增加传统文化价值的同时，还能够进一步提升大学生认知和体验。对比传统教学模式，主要差异体现在：学生能够实际操作，有效结合理论与实践，从而产生更多灵感；进入到社区、地方、基层等领域，切实感受传统文化魅力，从情感上达成共识。高校十分重视传统文化与实践的结合，并借助本地传统文化资源开展多样化社会实践活动。举例来说，大学生参观古遗址，能感受到传统文化的博大精深和源远流长；亲身体会当地传统工艺制作，与传统手艺接班人进行直接接触，在理解传统文化传承不易的同时，还能够进一步提升大学生对传统文化传承不易观点的认识；参观革命旧址、故居等，潜意识地改变大学生的思想观念。传统文化与实践相结合并不能一蹴而就，必须从整体上进行设计和规划，增加实践基地工作者与政治教育工作者之间的交流，制定出切实可行且包含众多内容的实践方案，在保证考核可操作性的同时，还能够增强传统文化与实践的结合程度，进而从心理上影响大学生对传统文化的认识。

（三）改变教学模式，尊重高校学生的主体地位

在进行思想政治教育课时，应对学生主体地位给予尊重，教师不应该采用传统模式下的说教方式，而是应以引导者的角色带领学生思考问题。学生也需要利用闲暇时间主动搜索各种资料，同时在课堂上与其他同学分享和交流。发展至今，依然有诸多学校采用传统模式进行思想政治教育，对理论过于重视，忽略了教育中学生主动性的作用，仅仅

对学生任务和自身责任给予高度重视,忽略了学生权利。大部分采用强制性外在教育来对学生行为进行约束和控制,并未与学生进行深入交流,也就无法快速获得学生反馈,也极大程度上影响了学生学习的积极性和热情。让学生在教学中享有更多主动权,积极主动地去挖掘知识,在降低学习难度的同时,还能够进一步增加学生学习的积极性。教师需要对隐形教育方式给予关注,引导并鼓励班级设置班训、班风和班规等,让其以此来约束自身行为,也能够让学生更加容易且清晰地理解中华优秀传统文化。

二、加强教师培训,提升教师传统文化素养

经过上千年沉淀而来的优秀传统文化,已然成了民族心理不可或缺的一部分,若无法正确认识和理解,将起不到任何作用。在高校思想政治教育中加入传统文化,第一步就是增加教育者传统文化素养。教师开展思想政治教育和宣传等相关工作,尤其是从事理论教学的教师,是将传统文化融入思想政治教育的实践者,因此要加强团队培训力度,在拥有过硬专业知识的基础上逐步提升思想觉悟水平,这与思想政治教育能否与传统文化相结合存在密切关系。大学生接受传统文化思想政治教育课程,要达到预期目标,就必须最大限度地发挥出教师作用,让学生积极主动地学习和交流。由此可见,培训教师非常有必要。首先需要设计培训方案,选择具有特色的培训基地,统一培训全国思想政治教育教师,对青年思想政治教师更应加大培训力度,要完成这一工作需要花费较长的时间。若构建出一支有渊博知识、视野开阔且政治立场坚定的教师团队,对于大学生成长过程中遇到的各种问题进行正确引导,对国家局势进行正确判断,必定能够大幅提升传统文化的价值和魅力。当然,若教师团队整体素质不佳,那么必定会影响教学质量,无法达到预期效果。基于此,要在思想政治教育中融入传统文化并发挥作用,就必须对教师进行培训,这也是目前急需解决的问题。高校和相关部门必须站在讲政治高度思考,有序推进传统文化融入思想政治教育课程中,做好团队建设工作。高校应设置出一套科学合理的激励约束制度,包含人才选拔、考核、培养和晋升等内容,规范化管理思想政治教育者行为和发展轨道,打造出一支具有合力思想且多样化功能的思想政治教育者团队。

(一)教育者的传统文化教育培训

学生成长的任何阶段,教师都发挥了重要作用。要在大学生思想政治教育中融入中华优秀传统文化,最核心的一个步骤就是建设优质的教师团队。对中华优秀传统文化进行学习,对教师和学生都有一定的要求,只有教师逐步丰富自身知识体系,才能够以自身行为影响学生,树立权威,让学生有积极性主动学习。所以,教师必须做到"教学相长"这一点,在将传统文化知识传输给学生过程中,还需要不断提升自身能力。教师在教学生的同时,还需要与学生共同学习。传统文化要传承下去,第一步就是要求教师先行学习,然后再教授学生。只有高校政治教育者将传统文化学活并学透,才能够在教学中自然地流露出来。有效融合优秀传统文化和思想政治教育,进一步提升教师应对复杂事件能力

并丰富其理论知识体系,将优秀传统文化传承作为自身职责和责任。我国在推进中华民族伟大复兴梦时,应对高校教师这一力量进行合理利用,将优秀传统文化渗透到复兴中华民族的各个阶段,创新办法,结合理论与实践,对马克思主义立场、方法和观点进行科学利用。同时,教师应对学生日常遇到的难题进行了解,并结合实际来应对,深入挖掘中华优秀传统文化当中的精髓,促进大学生成长。教师只有在深入学习之后灵活利用,才能够将优秀传统文化真正融入思想政治教育中,结合理论与实践,进而发挥出良好功效。

(二)教育者的传统美德修养提升

教育者的主要职责是传道、授业、解惑,这需要他们掌握大量的中华优秀传统文化知识,而且必须具备高尚的思想道德。如今我国高校的部分教育者虽然具有较高的知识修养,但是人格与思想道德却很低。教育者是整个社会的领头羊,他们的道德品质水平与整个社会公正秩序与良善风俗的形成及发展密切相关。为了全面推行言传身教的教育方法与原则,教育者必须以身作则,积极发挥模范带头作用,在日常的工作中严格要求自己,不断提高自身的道德修养,成为学生学习的榜样。为了培养和塑造思想政治理论课教师的高大形象,应当采取严格的考核机制,培养先进分子,并发动学生对教师的教学活动进行评价。在中国共产党的事业中,大学生思想政治教育的地位举足轻重,对实现党的意志与目标有很大帮助,属于一种具有较强的政治意义的活动。在对科学理论进行学习并掌握之后,形成良好的思想观念,进一步提升教师团队理论素养,为达到预期效果做好准备。因此在要求思想政治教育者具备过硬的理论知识外,还需要深入了解我国传统文化的精髓,进而真正信奉共产主义信仰,为了实现建设社会主义强国目标而积极奋斗。思想政治教育团队不仅要求有良好的道德修养和人格魅力,还需要具有良好的亲和力。因此,必须按照具有中国特色社会主义的道德规范和要求,来逐步提升自身的道德水平。此外,思想政治教育教师对自己的言行也必须按照中华民族传统美德来约束自己,发挥自身作为思想政治的教育榜样的示范作用。

三、强化实践活动,发挥传统节日载体作用

如果只依靠理论学习是无法完成将我国优秀的传统文化与大学生思想政治教育紧密融合的目标的,应当做到理论联系实际,通过实践活动检验理论的正确性。比如,通过举办与我国优秀传统文化有关的校园活动,发挥优秀传统文化对大学生的熏陶作用,让大学生切实感受我国优秀传统文化。

如今越来越多的人热衷于过洋节,中华优秀传统文化在民众中的影响力逐渐弱化。针对问卷调查"您如何看待目前广受欢迎的洋节",有的学生认为,因为我们是年轻人,能够以节日娱乐与消遣的方式使自己内心得到充实。过圣诞节我们可以和其他人认识和交往,而且也能收到其他人送出的礼物,这是突显存在感的有效方式。并不是民众不想过类似于端午节和清明节等传统节日,而是因为这些节日背后承载了过重的传统文化,过起来有一定的压力。部分学生站在商业化角度理解,认为商家商贸活动逐步消耗了我

国传统节日的趣味性。年轻人喜欢及时表达自身情感，传统文化比较内敛，所以无法达到这一目的。总之，我国传统节日还需要根据时代节奏更新，在遵守规定下适度包装民族节日，呈现出更多吸引人的时尚元素，只有这样才能与当代大学生审美观相符。

大学生日常学习和生活都离不开大学校园这个重要的场所，大学校园环境优良与否，将直接影响整个校园师生的学习和生活。如果大学的校园环境比较好，将对学生性格的养成产生重要影响，有利于促进学生养成良好的性格和提高思想道德修养。校园文化活动对校园环境来说极为重要，每年我国高校组织和举办的与传统节日相关的校园活动数不胜数，这是将我国优秀的传统文化与大学生思想政治教育紧密结合的有效方式。古时候人们对美好生活的强烈愿望是催生我国很多传统节日的重要因素，所以我国大部分传统节日有着丰富的文化底蕴。可以在深度挖掘我国传统节日内涵的基础上进一步提高大学生的思想道德修养，为养成良好的行为习惯奠定基础。但是如今大学生推崇洋节，不重视端午、中秋等传统节日的现象值得人们反思。一旦在许多大学生看来，传统节日与周末或放假休息日无任何区别时，那将是非常令人惋惜的，所以高校必须在传承传统节日等实践活动方面投入更多精力，使学生在实践活动中受到教育，将"寓教于乐"的教育理念落到实处。

四、把握传媒阵地，拓展网络思想政治教育

互联网覆盖面越来越广，数据显示我国网络用户近年来上升速度较快，以青年群体为主体的现代人将互联网融入日常生活的各个领域当中。人们的生活视野因为网络变得越来越开阔，但是也因此产生了大量社会问题，因此急需对高校大学生开展网络思想政治教育。

如今大学生都已经是2000年后出生的"00"后，所以思想政治教育平台和方式也需要结合其特征进行改变。"00"后一代，面临的时代特征与其他年代学生显著不同，表现如下。

（1）"00"后出生时正处于我国信息化高速发展阶段，他们从小便零散地接触了一些信息，多样化文化影响了他们尚未成熟的思想，所以非常需要教师和家长的帮助与引导，只有这样才能形成良好的价值观。

（2）"00"后出生时我国正执行计划生育政策，因此绝大部分是独生子女，家庭环境特殊且具有良好的收集和梳理信息能力，运用网络平台进行交往的频率较高。部分研究者经过调查发现，网络对青少年的意义给予了肯定，同时还做了问卷调查，结果显示，在接触网络期间，接触过中华优秀传统文化的占到了总数的78%左右，所以有必要引导这部分学生。构建的大学生思想政治教育平台，必须将优秀传统文化内容融入其中，创新网络管理方式和网络组织结构，对一些校外网络资源进行合理利用，正面引导学生思想。

尽管社会在不断发展进步，微信和微博等通信方式逐渐代替了飞信、校内网等，可是目前互联网已全面融入大学生的学习和生活，二者之间的关系更加紧密。网站"中国大学生在线"是高校思想政治教育比较成功的平台，是我国教育部与高等教育出版社联合

主办的,该平台以高雅的格调、唯美的文字、感人的事迹、形象生动的案例展示我国优秀传统文化,深受大学生认可,接近大学生的现实生活,对高校思想政治教育产生了较大的影响力,能够引导和帮助大学生健康成长。高校思想政治教育工作者应当利用好学校网站这个资源,选取具有较高的传统文化修养、思想政治立场坚定的优秀教师,筛选出符合大学生认知特征、生动形象、语言唯美、接地气的历史知识编辑成册,通过网站进行展示和宣传,这样大学生就能通过浏览网站深刻地感受到我国优秀传统文化的魅力。高校思想政治教育者应对自己可利用的网络资源进行合理规划,如数字图书馆和公共电子阅览室等全国文化网络共享资源,为优秀传统文化融入校园文化进行传播发挥了良好的功效。然而部分年轻群体也能够在网络中看到否定国家和民族历史的言论。由此现象能够看出,我国网络平台管理还需要进一步完善,需搭建出优质且健全的网络平台。部分大学生没有兴趣学习课堂知识,但是能够主动学习网络上的新鲜知识,结合此特征制定出有针对性的学习方案,必定能够取得良好的教育效果。因此需要逐步提升大学生思想政治教育工作团队运用互联网的水平,积极应对大学生思想政治教育面临的网络时代挑战,必须有效融合大学生思想政治教育和优秀传统文化。要达到这一目标就需要打造一支优秀的新型教育团队,在对思想政治教育宣传工作进行了解的基础上,对网络新媒体技术进行合理利用。在对全国教师开展中华优秀传统文化教育培训的同时,还需要进一步积极转变教师思想政治教育观念,正确认识新媒体并掌握相关技术,成为一支专业且优秀的思想政治教育工作团队。若能以学校作为出发点,有效结合传统文化和思想政治教育,营造良好的学习氛围,长此以往必定会逐步提升学生重视优秀传统文化的程度。

（一）打造良好的社会氛围离不开政府的支持

央视近年来推出了多部先进科技纪录片,代表性比较强的如《航拍中国》《创新中国》等。央视推出此类节目,旨在增强人们的民族自豪感,对人们进行潜移默化的思想政治教育,提升国家软实力和在国际上的影响力。网络媒体上还有众多包含传统文化的纪录片,比如《新丝绸之路》和《舌尖上的中国》等。值得推荐的是,央视在2017年推出的《国家宝藏》,节目详细介绍了从我国九大博物馆当中筛选出的三个宝藏,从多期节目当中选择出九个最受欢迎的宝藏,并在北京天安门广场投影展示。节目播出后获得了非常高的收视率,人们在观看节目时了解了我国优秀传统文化,这是一种极为有效的宣传方式。央视之前也推出过此类节目,以《我在故宫修文物》为例,拍摄故宫文物工作者的日常生活和工作,他们以平凡生活出发,来体现考古工作者不平凡的日常工作,也体现了他们的爱岗敬业和爱国情怀。从这些节目能够看出国家对传统文化的重视,同样对广大学生也产生了积极影响。在中国共产党成立一百周年之际,优秀的爱国主题电影、电视作品不断涌现,受到了大学生们的喜爱。从这些行为能够看出大学生的爱国热情和逐步增强的民族自信心。同时,党的十七大报告中指出,免费向大众开放纪念馆和博物馆,以此方式来对人民的思想进行熏陶,进而逐步提升人民的传统文化修养。部分高校学生主动前往博物馆做讲解志愿者,让游客更加了解我国优秀传统文化的同时,也能够在多次表述中更加准确地理解优秀传统文化。

（二）部分具有逆反心理的年轻群体，在心理和行为上排斥营造出的校园氛围中包含的思想政治教育内容

以优化教学环境或者以其他课程来进行改变，逐步净化大学生浮躁的心灵。将优秀传统文化渗入到思想政治教育中，不能只是以课堂讲解和教师授课形式进行，还需要举办多样化的校园文化活动。找到大学生对传统文化感兴趣的点，结合其爱好设计活动，进而让大学生积极主动地参与。通过校园文化来吸引大学生眼球，以寓教于乐形式组织活动，让学生感受到传统文化的源远流长，进而深入了解和支持。经过调查发现，知道校园传统文化活动的学生占到了总数的 2/3，但是实际参与比例只有一半左右。此外，高校组织的戏曲社和汉服社等社团，只有不足 1/5 的学生参与，没有参加的大部分学生表示，不参加是因为对此不了解。由此可以看出，学生没有积极参加此类活动，即使具有一定兴趣但是并不会积极主动地参与，说明高校还需要进一步加强宣传传统文化活动的力度。同时，由于古风社团活动集中性较低，学生自发组织很难达到良好效果。结合此类问题，学校应参与进来，引导汉服、戏曲和话剧等多个社团共同举办联欢晚会。当然也可以在一些传统节日中，组织学生共同进行做汤圆和包粽子等活动，让大学生切身体会优秀传统文化的魅力和内涵，进而引导学生形成良好的民族精神。

第四章　红色文化与高校思想政治教育

2021年是中国共产党成立100周年。100年来,中国共产党带领中国人民开天辟地,在革命、建设、改革中不忘初心、牢记使命,形成了宝贵的精神财富——红色文化。新时代,随着信息技术的深入发展,传统媒体与新兴媒体正在深度融合中加速构建全媒体传播格局,红色文化也随着信息技术的"加持"进入了新时代的传播场域。一方面,多元化的媒介载体,实现了对红色文化的多面向诠释,使得红色文化的传承更富动态和生命力;另一方面,新媒体构建的网状传播网络,赋予了每一个人发布和传播信息的中心地位,这种技术赋权一定程度上消解了传统"把关人"的信息审查机制,未经把关的信息每天都在海量生成并进入传播渠道。"把关人"的缺失、匿名的信息发布机制及平台运营商的监管缺位,使得唱衰红色文化、诋毁红色精神、抹黑革命先烈等负能量信息以隐秘的方式传播于新媒体场域,影响了人们对红色文化的正确认知。"长期生活在和平环境的青少年一代,对红色文化的认知趋向模糊",因此,厘清人们尤其是大学生对红色文化的正确认识,将红色文化的重要论述融入高校思想政治教育,有着重要的时代价值和现实意义。

第一节　红色文化概述

一、红色文化的内涵

在中华民族生生不息的历史长河中,形成了最具生命力和引领力的优秀传统文化,对国家发展、民族振兴产生了极为雄厚的伟力,成为民族传承、国家兴旺的有力保障。在传统文化要素中,红色代表着非常特殊的意义,也体现着中国人特有的思想情感,它不仅含有喜乐、吉祥、欢快之意,并具有革除旧事、迎纳新物的内涵,如每逢喜庆的节日,都会以红色宣示;新年时张贴的对联、结婚时穿的衣服等都是红色的,也代表了新的事物、新的开始。正是由于红色所蕴含的特有意义,我国自古便将红色作为革命的标识,如"红巾军""红灯照"等,均为起义者的别名,由此沿袭而来的便是中国共产党所领导的革命,也以红色作为自己的印记,如红军、红旗、红星等,并赋予了它们新的时代内涵,具有鲜明的政治性,在长期的发展过程中形成了特色鲜明的红色文化。

中国红色文化具有自身极为显著的特征,首先,它的领导者是伟大的中国共产党。这是中国人民在长期反帝反封建斗争中形成的历史选择,是已经证明并将继续证明的正确选择;其次,它的参与主体为广大人民群众,这是进行革命斗争的坚定力量。正是在中国共产党的坚强领导下,在广大人民群众的积极拥护下,中华民族展开了争取民族独立和民主自由的斗争,成为新民主主义革命的中坚力量,在这一过程中,不仅创设了诸多物质形态,还归结凝聚成了相应精神内容,以知识、信仰、理论、价值和制度等形成表现出来。这些红色文化作为一种无价的精神财富留存、传承、发扬下来,不仅是中国共产党领导下人民群众参与斗争的生动写照,也是中国人民所具有的能动性和革命性特质的体现,更是他们在长期革命斗争中形成的一种生存方式。在中国近现代发展史中,红色文化一直是中华民族不可或缺的"精神食粮",同时又对中国社会各个领域产生了直接而深远的影响。

从文化视角来看,红色文化作为一个极具政治属性和历史特性的概念,在近代文化史中具有特殊的地位。它有广义和狭义之分,前者指的是中国人民在新民主主义革命中创造的物质财富和精神财富的总和,是一种具有象征性和引领性的特殊文化形态,包括物质形态和非物质形态两种类型。物质形态,如各种纪念地、历史遗址旧址、革命公园、革命故旧居所、革命遗物等;非物质形态,如中国共产党领导下的形成于新民主主义革命时期的、具有指导和纪念价值的革命知识、理想信念、革命精神、制度及价值等。通过伟大的人民斗争,夺取新民主主义革命的胜利,在这一过程中无数英雄儿女、革命先烈献出了自己的生命,由此形成了伟大的人格精神、革命事迹、思想价值。而后者则是指非物质红色文化,专指革命精神及相关承载物。

我们可以分别从物质、精神和行为三个维度对红色文化加以分类,同时形成相应理解。

(一)红色文化是基于红色资源而存在的

就物质性而言,它是在革命及改革过程中,各个领域涌现出的典型"人""物""事"。典型人物指的是革命先烈、特殊功勋人物及仁人志士;典型事物指的是这些典型人物曾经工作过的旧址、战斗过的遗址及使用过的器具等;典型事件指的是在革命和改革进程中,某些含有特殊性或标志性的事件。所以,无论是典型人物,还是典型物件、事件,均为红色文化的重要承载。

(二)革命精神具有政治属性、时代气息和革命理念

革命精神作为一种具有核心性的思维意识,是中国共产党领导下的马克思主义意识形态的集中体现,是中华优秀传统文化与中国革命、改革结合的产物,体现出鲜明的政治属性、时代气息、革新理念,是人民群众通过革命斗争和改革创新所形成的精神成果,革命战争时期,中国共产党领导人民在井冈山、中央苏区、长征途中、圣地延安等,将"革命理想高于天"的思想意志,应用于具体实践中,创造了伟大的革命精神;中华人民共和国建设阶段,中国共产党又在新的历史起点,担负起新的历史使命,在黑龙江大庆、新疆罗布泊、河南兰考、长江沿岸等地艰苦奋斗、全心为民,铸就了一座座精神丰碑,体现出"敢教日月换新天"的豪情壮志。这便是红色文化的底蕴和精髓所在,是奋斗于社会主义康

庄大道上的动力之源。

（三）红色文化活跃于群众的各项活动、创作中

就行为艺术而言,越来越多的艺术家将红色文化引入艺术创作中,以小说、戏剧、歌曲、影视作品等形式表现出来;同时,人民群众还将红色文化融入旅游、表演、舞蹈及各类活动中;此外,红色网站也随之出现在人们的视野中,成为网络文化中一抹独有的"中国红"。上述行为活动中国展示了中国共产党的坚定信仰,体现出共产党的初心与使命。通过这些活动也实现了优秀红色基因的传承与发扬,为实现中华民族伟大复兴的中国梦注入全新动力与活力。

二、红色文化的特征

（一）先进性:代表了中国先进文化的前进方向

由中华优秀传统文化基本理念可知,其最终目的是实现"大同社会",也就是没有阶段、没有压迫、没有贫富差距、人人共享太平、民众富裕安逸的社会,而红色文化则在吸收了传统文化精华的同时,与革命理想精神相结合,形成了自身独具特色的最终奋斗目标,即解放全人类、实现共产主义。在不同历史时期这一目标也会体现出相应的具体性和现实性,新民主主义革命时期的目标则是推翻三座大山的压迫。正是中国共产党的正确领导,才形成了与时俱进的政治方向、政治目标、政治价值及理想要求,由此凝聚为具有鲜明政治属性的红色文化,它不仅体现了中国共产党人崇高的政治愿景,敢于实践和抗争的政治勇气,也展示出中华民族和中国人民的精神伟力与共同追求。由此可以看出,红色文化的先进性包含了思想方面、价值方面、实践方面和理论方面。

1. 体现出思想的先进性,具有极高指导意义

红色文化是中国革命实践过程中不断中国化的马克思主义,是具有彻底性和科学性的思想指导,是唯物辩证法的高度体现,不仅包含了事物的运动规律、发展规律,也包含社会变迁规律,具有极强的批判性和革命性。

2. 体现了所求价值的先进性

由历史唯物观可知,历史是由人民缔造的,而人民所举行的所有革命活动都是在中国共产党的领导下组织实施的,人民作为革命的主体,极力推举、拥护中国共产党的领导,就是因为中国共产党代表了先进的价值追求,符合历史发展要求和人民革命需求,由此决定了红色文化的"颜色"。红色文化具有鲜明的革命属性、人民属性,是人民主动接受、传播、创造和发展的先进文化,所以,它的人民属性必然具有价值方面的先进性;而红色文化鲜明地体现了人民性,人民既是红色文化的接受者,又是红色文化的积极传播者与创造者。因此,红色文化的人民性突显了其价值追求的先进性。

3. 体现了理论理念的先进性

中国共产党始终以马克思主义作为思想指导,立足中国革命、建设、改革实际,不断

丰富发展具有中国特色的社会主义,为此,将先进思想理念与中国实际相结合,遵循事物发展客观规律,做到理论与实践的统一。因此,形成了生生不息、不断发展、持续创新的红色文化,并在自我批判、自我革新、自我发展中保持应有的先进性。

(二)革命性:以中国优良红色文化作为"蓝本"

从新民主主义革命中诞生、发展而来的红色文化,在不同历史时期担负起不同的历史使命,在半殖民地半封建社会便是拯救民族危亡。这一使命通过和平方式是无法实现的,只有以革命的方式,才能推翻压在中国人民身上的"三座大山",才能实现民族独立和人民解放,而红色文化也能够担负起这样的使命,具有抗争胜利的决胜因子,主要体现在以下两个方面:一方面,它形成的初衷便是为了抗衡、消灭中国封建文化和买办文化,这种革命基因是与生俱来的;另一方面,它具备强烈的自新性,通过不断自我革命实现创新发展。在中国共产党发展史上,虽然出现过曲折错误的情况,但通过整风运动、批评与自我批评、加强党风建设等活动,均实现了对错误的自查自纠,不断汲取教训,持续提高自身风险识别、管控能力,始终保持思想的先进性。同时,加强党性修养,不忘初心使命,积极借鉴吸收其他文化的精髓,使之融入红色文化中,形成更具生命力的中国精神。

(三)民族性:对中华优秀传统文化精华的传承与发展

在人类社会发展进程中,文化作为一种特殊的思想意识被传承、发扬下来,成为指导实践的重要工具。红色文化正是通过对传统文化的传承,实现了时代化发展,同时与民族解放、复兴相结合,体现出相应民族性。具体而言,它是不同历史时期民族传统文化的传承与扩展,红色文化始终扎根于优秀民族传统文化中,从中汲取营养;由其内容可知,红色文化包含了革命、建设、改革等各个阶段的文化内容,它们均为优秀民族传统文化的精华。同时,红色文化还体现出中华民族的特有品质,在不同历史时期会表现出相应的精神,是光荣传统的有机传承,是高尚思想境界的不断提升,并在实践中增添更多"营养",体现更大价值。

三、红色文化的历史贡献

由上述可知,红色文化所特有的品质决定了其作用的特殊性,无论在革命战争时期、社会主义建设阶段,还是在改革开放的伟大征程中,都发挥了独特的引领支撑作用,成为不可替代的"精神食粮",为中华民族的解放、复兴注入精神力量。其作用具体表现在以下几方面。

(一)就历史逻辑而言,红色文化成为中华民族站起来的基本保障

随着十月革命的爆发,中国革命有了马克思列宁主义的指导,同时,中国共产党立足中国革命实际,将思想指导与革命实践有机结合,领导人民掀起了反帝反封建的浩大浪潮,并取得了最终的胜利。共产主义的理想信念是中国共产党人最坚定的精神引领,在

这一过程中创造了一系列革命精神,如启迪中国人民抗争的"五四精神"、初建党组织的"红船精神"、首开根据地的"井冈山精神"、在白色恐怖中坚守的"苏区精神"、拯救中国革命于危亡之中的"长征精神"、地下战线的"红岩精神"、红色圣地的"延安精神"及象征胜利曙光的"西柏坡精神"等。这些精神为中华民族注入源源不断的精神"钙质",在中国共产党领导下,中国人民取得了反帝反封建的完全胜利,并实现了建党、建国的伟大实践,中华民族实现了站起来的宏大愿望。

(二)就实践逻辑而言,红色文化能够实现中华民族富起来的长远目标

随着中华人民共和国的成立,党领导中国人民开始了社会主义建设的伟大探索。中国共产党作为执政党,仍然面临诸多执政考验,对此,领导人要求全体党员干部必须以谦虚、慎重、踏实、奋进的作风,将革命时期形成的红色基因带到执政实践中,以全心全意为人民服务的意识投入到社会主义建设中,并发挥引领、示范作用,以巩固新生政权,促进经济的恢复发展,实现社会主义改造任务,奠定社会主义的物质基础。改革开放之初,邓小平同志以高度的历史使命感,高超的领导艺术和卓然的创新智慧,领导全党、全国各族人民开创了中国特色社会主义道路,使我们驶入了实现民族复兴的"快车道"。随着改革开放的不断推进,邓小平同志提出了"两手抓、两手都要硬"的要求,不断丰富发展社会主义精神文明,坚定四项基本原则,从而保证了改革开放的社会主义方向,确保了中国共产党的坚强领导,为实现共同富裕提供了精神保障。

(三)就未来逻辑而言,红色文化能够有力保证中华民族强起来

由马克思唯物史观可知,任何事物的发展都不是一帆风顺的,新生事物必然经历诸多困难挫折,甚至风险考验,才能战胜旧事物。但是在实现中华民族伟大复兴的进程中,越是接近这一目标,越需要中华民族精神的支撑和指引,因此,在实现中华民族强起来的进程中,必须保持清醒的头脑,明确面临的重大考验,面对挑战、风险、阻力和矛盾,进一步传承和发扬红色文化。这是由于文化作为一个具有基础性和核心性的内容,对于一个国家、一个民族而言,具有强大的认同感、归属感,并由此发挥强大凝聚力,产生巨大向心力,促进民族的发展与复兴。红色文化是在吸收优秀传统文化的基础上,与时代需求相结合,形成激发民族伟大的精神动力与家国情怀;以其特有的自新、创新精神,不断纠偏引正,确保强起来的正确方向和道路;同时,红色文化还体现了强烈的人本思想,是以人民为中心的体现,在实现中华民族伟大复兴的道路上,中国共产党紧紧依靠人民、服务人民、发展人民,一心为民、全心为公,能够凝聚最为广泛的人心,形成最大的价值共识,汇集起磅礴的人民力量;红色文化以自信性、革命性为特质,实现对封建主义、资本主义及买办主义的有力抵制,从而为革命斗争指明方向和道路,并为革命、建设和改革注入永续动力,担负起应有的时代使命,成为有力激发革命斗志、抵制外来思想侵害的强大精神武器。

第二节 红色文化的思想政治教育基因谱系和时代价值

一、红色文化的思想政治教育基因谱系

在长期的革命、建设过程中,中国共产党领导人民攻坚克难,以坚定的理想信念引领中国前行的方向,形成了独具一格的红色文化,并从优秀传统文化中汲取营养成分,结合时代发展要求,汇聚成代表最广大人民意愿的精神追求,是中华民族最具特色的精神丰碑。由此可以看出,红色文化具备深厚的基因谱系,深植于思想政治教育中,这不仅是对理想信念的传承,更是对核心价值的体现;既源自传统美德,又包含共产党在纪律方面的要求。

(一)理想信念基因

在人类的思想意识中,理想信念是一种独特的精神存在,能够对人的心理活动形成指引和修正,决定个人的价值取向,形成对行为直接控制,是人们"三观"的综合展现,在个人品德培育、国家人才培养、民族兴旺发达等方面,产生重要导向和支撑作用。红色文化所含有的信念和意志,是中国共产党人不畏挫折失败、不断奋起抗争的源动力,是一种特殊的家国情怀、特有的革命信念,使共产党人更具坚定性和革命性。无论在艰难的建党过程中,还是在漫长苦难的长征路上,都是这种信念和意志在发挥着有力的支撑作用,由此镌刻出一座座革命的丰碑。红色文化凝聚着中国共产党人的初心使命,主要体现在以下两个方面。

(1)将马克思主义与中国实际深度结合,并提取出其中的思想精髓,这些自始至终都是以共产主义理想为根本目标,并在不同历史时期形成明确具体的要求。

(2)展示出中国共产党人的精神意志,无论在革命时期,还是建设改革阶段,中国共产党都立足实际,以一以贯之的精神,将中国特色社会主义坚持到底,形成最为广泛的共识,引领中国人民开创中国特色社会主义的新篇章。这些精神作为红色文化的基础,对深入推进改革开放具有重要的激励和支撑作用。

(二)核心价值基因

任何时代的文化都具有复杂性和交叉性,它们在不断碰撞和冲突中体现着各自的利益诉求和价值追求,进而形成对整个社会精神意识的塑形,构建起一种具有普适性的价值理念,即核心价值观。由此可知,核心价值观是在历史与现实的"对话"中不断变化发展的,其形成、传承、变迁及兴起,都具有一定的规律性,体现着历史发展的趋向和时代发展的要求。社会主义核心价值观发端于传统文化,又借鉴外来文化的精华,有效响应时代发展需求,发展为具有广泛共识,引领民族、国家前行,助力中华民族伟大复兴的精神

支柱。

从红色文化的自身属性来看,它与社会主义核心价值观具有高度统一性,具体如下。

(1)"富强""民主"正是中国人民在民主革命阶段的初愿,也是共产党人的革命理想。

(2)"文明""和谐"是在沉思传统文化过程中形成的深切渴求,体现了鲜明的时代需求。

(3)社会层面内容体现了红色文化所要达成的社会构想,显示出两者间的紧密关系。

(4)个人层面的内容体现出红色文化所要求的人格形象。

(三)传统美德基因

正是扎根于传统文化,才使红色文化获得了源源不断的营养来源,即便传统文化中有些内容已失去原有意义,但对中国人思想观念的影响仍然是极为深刻的。我们当前所进行的党的建设的伟大工程,便是以"廉"为基础开展的,这与我国古代对"廉"的理解与追求是一致的,红色文化中的"廉"饱含对传统"廉"文化的认同,对人民的深情与敬畏,也体现出共产党人深刻的忧患意识。"廉"作为一项重要内容存在于红色文化中,尤其是党的十八大召开后,党中央提出八项规定并积极践行,发挥了积极的示范作用,同时开展了一系列作风建设活动,开创了作风建设新格局。为更加有力地推进党的建设,中国共产党以法治方式不断加强党风廉政工作,始终保持对腐败的高压态势,体现了党在反腐败问题上的坚定决心及取得最后胜利的信心意志。总之,红色文化不仅要以传统文化为土壤,还要与时代发展相结合,实现传承和弘扬,并在实践中加以落实、体现。

在这一过程中,红色文化会处处彰显传统文化中的内容。其中的传统美德便以中国共产党人特有的精神品质体现出来,如英勇无畏、大公无私等,这既是个人品格的展示,也是个体道德的实践修养过程。而其中的优秀代表则体现了他们高尚的职业情操,如王进喜、焦裕禄等,他们无不是勇于奋斗、尽职尽守的道德楷模。从民族角度来看,中国共产党人在领导人民革命斗争和社会主义建设、改革中,将为国尽忠、为民尽心的传统美德体现得淋漓尽致,以大公无私的精神投入到民族事业中,全身心为国为民,始终以维护国家人民利益为己任,并甘愿为此付出青春、鲜血甚至生命。

(四)党纪党规基因

新时代条件下,中国共产党进一步加强了党的建设,坚决将纪律挺在前面,将党章作为一切行为的根本遵循,更加重视政治纪律的约束力,形成对政治方向、立场、言论及行为的有力规制。实践证明,党纪党规在革命斗争中发挥了重要的保障作用,使党组织具有更强的战斗力、更高的先进性,保证党同人民群众的紧密联系,成为革命、建设的制胜法宝。因此,必须不断加强党的纪律建设,强化党纪党规约束力,不断反思党面临的危险,持续从严治党,在党员干部中形成不敢腐、不能腐、不想腐的良好氛围,提升党的先进性和纯洁性,形成良好的政治生态,增强党的战斗力。

红色文化始终将党纪党规作为重要内容以对党员干部的引导和规制,特别是在成为执政党后,党纪党规所发挥的作用更为明显,更加凸显其在红色文化中的重要性。革命时期,中国共产党便制定了"三大纪律、八项注意"等纪律规范,得到广大党员干部及工农红军的广泛拥护,极大团结了民众、凝聚了人心,成为无往不胜的精神利器。在敌后战区,中国共产党也制定了政治、生活、工作等方面的纪律。党的十八大提出"八项规定"和"反四风",不断扎紧制度的笼子,便是对"红色基因"的创新与发展。

二、红色文化对于新时代思想政治教育的价值

在时代发展进程中,红色文化得到了丰富、拓展和深化,体现出鲜明的时代特质,发挥出更具针对性的思想政治教育作用。红色文化不仅是思想政治教育的载体,而且能够实现对教育内容的丰富发展,对教育形式的创新开拓。

(一)红色文化成为新时代思想政治教育的鲜活内容

开展思想政治教育过程中,必须以丰富多元的内容为基础,才能发挥良好的教育引导和约束规制作用。红色资源中包含了政治、经济、社会、理论、法律、方法等方面的丰富内容,既具体体现了马克思主义的思想观点,也是进行思想政治教育的重要来源,红色文化与思想政治教育内容间具有高度统一性。

(1)通过对红色文化的选用和汲取,可以丰富、拓展、提升理想信念教育的内容。如中国共产党在延安时期形成的红色文化,其物质文化便包含了桥沟鲁艺、枣园、南泥湾等处的革命旧址;同时,这一阶段所形成的人文精神成为延安精神的重要组成部分。帮助大学生对红色文化进行深挖、细研,能够促进他们更为深刻地理解社会主义核心价值观,为其成长提供精神动力。

(2)在红色文化中还蕴含了大量的爱国主义教育内容。正是在救亡图存的潮流下,时代和人民选择了马克思主义,选择了中国共产党,因此,为中国人民谋幸福、为中华民族谋复兴,便成为中国共产党的初心和使命。在这一重大使命任务下,中国共产党带领中国人民历经革命战争、社会主义建设、开创发展中国特色社会主义等阶段,不仅建立起屹立于东方的社会主义大国,而且实现了史无前例的全民脱贫,并在中华民族伟大复兴中国梦的指引下,迈向第二个百年奋斗目标,健步行进在"富起来""强起来"的康庄大道上。这一过程是一个极其复杂艰难而又光荣美好的过程,不仅需要中国共产党人的勇气智慧,还需要付出一代代的努力,通过"接力续跑"实现这一伟大目标。而红色文化中所讲述的革命先烈、斗争事迹、创造过程、奋斗经历等,都成为爱国主义教育的生动教材,是极为宝贵的精神财富。

(3)法纪法规教育体现了其与红色文化的一脉相承。无论在烽火连天的革命年代,还是在努力建设社会主义新中国阶段,抑或是开创、发展中国特色社会主义的新征程中,中国共产党始终重视自身组织建设,提出了一系列具有时代性、针对性和实效性的纪律要求,也涌现出诸多廉洁自律、一心为公的模范人物,他们用自己的党性人格展现了中国

共产党人一以贯之的自律和无私,发挥了良好的正面引导作用。

(二)红色文化在思想政治教育时代化发展方面发挥了重要的承载作用

在红色文化传承发展过程中,形成了形式多样、丰富多元的表现形式,如文本、声音、动漫、视频、图像、影视等,它们均成为红色文化的重要载体,同时,也可以通过具有纪念意义的碑林、堂馆等表现出来,能够发挥更强的沉浸式思想政治教育作用,形成直观感受,产生一种身临其境的体验,抑或在角色假设中实现深刻理解,有效减少思想政治教育的说教性,提高理解性、体验性和接受性。除此之外,在闲暇之余,人们还可以通过影视作品、红色旅游等方式,实现对红色文化的观瞻和感受,这种方式虽然具有零散性和个体性,但也具有亲近性,有利于增进民众对红色文化的理解,形成更为亲近、更具体验的认知,是常规思想政治教育的有益补充。同时,红色文化还可以将固化的内容反复呈现,从而产生反复认知和重复强化的效果,并在长期教育过程中形成潜移默化的影响,促进民众将其内化为自身的自觉意识,从而深深扎根于心中,通过自觉言行表现出来。红色资源更好地激发了思想政治教育的自身属性,使之发挥更大作用,体现更大价值,实现与优秀传统文化的高度统一,并从中深挖、传承、弘扬的精髓,与时代需求相结合,展现出红色文化的强大生命力和鲜明时代性。因此,我们要珍视这些红色资源,为民众提供更多接近、感受红色文化的机会,促进红色基因的传承与弘扬,在此基础上,对这些资源进行深度"加工",使之更具生动性、感染性、引导性,具备更强的吸引力和凝聚力,向中国人民乃至世界民众讲好中国的红色故事。这方面需要我们借鉴美国的经验做法,他们通过对自己建国"神话"的深挖、重塑和升华,不断强化民众的认同感、归属感和自豪感,从而凝聚起强大的民族力量,成为美国精神之源。我们也需要梳理、讲解中国红色故事,并不断宣传推广。但是,由于缺乏这方面的意识和能力,在故事讲解时出现了深刻性、过渡性的问题,对故事的加工过于生硬,导致故事主题单一,甚至与生活实际严重脱离。由于我们没有合理利用红色素材,使得红色资源难以展现其自身完整、全面的价值,相应地,其意义和作用也难以得到有效彰显。

(三)红色文化是实现全新思想政治教育的有力手段

为增强思想政治教育的成效性,提升教育的趣味性,需要将红色资源的"价值性"与"故事性"有机融合。价值性犹如富有营养的食物,而趣味性则是佐料,只有营养是不够的,还要让食物有味道、有色泽,实现色、香、味、养俱全。我们要深度开发红色文化中丰富的教育资源,并将这些资源融合到一个个具体的故事中,从而提升教育的生动性、形象性和趣味性,真正活化思想政治教育,提高教育形式的灵活性;同时,将教育内容渗透于故事,发挥其点滴感化和启迪引导作用,使思想政治教育隐起来;促使思想政治教育更具灵动性、人情性、互动性和共振性。

诸多学校已在这方面进行了有益尝试,采取情景教学法,运用多媒体教学手段,充分利用各种软件系统,模拟创设相应环境,营造良好氛围,从而形成对学生的引导,促进他们更加自主地参与教育教学活动,提高他们认知、理解红色基因的自觉性。进行"三观"教育时,可设置相应参与场景,如"我的抗战""解放家乡""保卫根据地"等,由学生进行角色扮演,体验不同历史环境中的行为方式,沉浸式体验、理解红色基因所发挥的作用,引发学生思考,引导他们形成正确的价值观,深化对国家、人民的情感。也可鼓励学生共同进行教学案的设计,并在课堂活动中自主讲解、讨论,深度探究红色基因、红色文化。高校校园文化建设包括三个方面的内容,即精神方面、物质方面和制度方面。可在合适的时间节点,邀请老红军、老战士到校为大学生讲述战火纷飞的岁月,自己曾经参加过的战斗,使红色文化在校园中散播、生根、成长,成为伴随学生成长的精神食粮,增强学生对红色文化的认同感,提高革命意识,增强理想信念。引导学生策划、参与各种红色文化活动,不断提高他们的思想觉悟。在各种具有意义的纪念日,组织学生到烈士陵园、纪念堂馆等,接受红色文化教育和熏陶。不断加强校园文化建设,创设良好的红色文化环境,促进思想政治教育身边化、自觉化。积极利用当前开展的社会主义新农村建设机会,组织大学生进行调研,并宣传马克思主义理论。组织大学生参加支教活动,切身感受红色文化的广泛群众基础,加大传授力度,不断提升红色文化影响力,在实践中增强自身育人能力。

三、红色文化与大学生思想政治教育的内在联系

(一)红色文化具有对大学生政治信念的导向作用

大学生理想信念教育需要对红色文化资源进行重视并合理利用。党和国家提升当代大学生政治信念是未来建设的关键。在提升大学生政治信念期间,必须对红色文化在此期间发挥的作用给予重视。

1. 红色文化引导大学生的政治取向

大学生政治教育因为融入了红色文化而增加了更多可选择项,在引导大学生形成稳定政治取向期间,红色文化往往能够起到良好的引导作用和熏陶作用。当代大学生关注政治教育,往往将重点放在与自身利益和国家利益相关的事件上,意味着其已经清楚地知晓个人成长与现实政治环境密不可分,认为应适应现实政治环境和社会,进而逐步发挥自身价值。由此可见,当代大学生本身有着强烈的个人价值愿望,期望在实现社会价值基础上体现自身价值。大学生受到红色文化的影响,如我国革命胜利靠的是革命先辈们必备的信念,这完全可以作为树立当代大学生不屈不挠精神的典范。要发挥长征精神,就要脚踏实地,敢于尝试和挑战,敢于打破陈旧观念,积极创新和发展。只有努力奋斗和自力更生,才能体现出长征精神,借助自身的智慧努力创造,只有这样才能打破贫穷局面,发挥出自立自强精神。从此角度分析,可将红色文化理解为我国革命先辈们的英雄历史和奋斗历史,是有着重要教育价值的教材,也是引导大学生形成正确政治取向的载体。我国西北地区有着丰富的红色资源,延安精神需要发扬光大,需要将其与党史、军史和传统教育结合在一起,传承和弘扬红色文化。红色文化会对当代大学生的政治选择

标准、选择能力和政治素质等产生一定的影响,红色文化教育也能够在大学生形成自我政治取向时发挥引导和熏陶作用。

2. 红色文化形塑大学生的政治心理

大学生群体敢于尝试,也比较容易接受新事物,整个社会政治心理状态走向在很大程度上是随着他们的政治心理而变化,而大学生政治心理与红色文化存在密切关系。在整个社会政治心理体系中,大学生政治心理占据了非常重要的位置。良好健全的政治心理与大学生身心健康成长关系密切,同时也推动着其个性发展,是决定社会稳定的基础部分。在我国各个领域都存在着红色文化资源,革命老区更加丰富。革命老区的每一件历史文物和每一张老图片,背后都有着让人感慨的革命先辈故事。在红色文化的熏陶下,大学生在更加了解中国历史的基础上,还能够激励大学生,从而珍惜如今这来之不易的生活。分析现代政治心理学可知,个体政治是社会化表现形式,个体受到外界刺激的表现,形成政治心理。在此心理作用下,展示在政治行为上,对政治环境产生影响,进而成为一个适应于社会的政治角色。大学生思想政治教育融入红色文化,起到的作用是潜移默化而来的,对此应深入挖掘红色文化力量和资源,进而塑造出大学生良好且健康的政治心理。

3. 红色文化提升大学生的政治信仰

2014年10月,中国社会科学院发起了相关社会调查,调查内容为转型时期社会伦理与道德,调查结果表明,所有接受调查的对象中,缺乏信仰或对有没有信仰报有无所谓态度的调查对象占比为36.08%,表示自己拥有坚定信仰的调查对象占比为28.2%。当代青年具有专业知识和较高的文化水平,他们的政治信仰对其个人成长与未来人生发展有着直接的影响,而且与中华民族的发展前景和社会安定团结息息相关。红色文化和当代青年政治信仰之间有着密切的联系,在提高大学生政治信仰方面,红色文化发挥着极为重要的作用。从中华人民共和国成立之初,中国共产党就明确了实现共产主义的远大目标,其精诚团结,朝着正确的方向前进,领导中国人民为了实现共产主义的伟大目标而努力奋斗。在充分信任中国共产党的前提下,革命先辈以崇高的革命理想作为指引,在异常艰苦的条件下克服困难,在战场上奋勇杀敌,从而在漫长和艰苦卓绝的中国革命斗争中取得最终的胜利。所以为了促使当代青年养成坚定的整治信仰,必须全面发挥红色文化资源的作用,采用科学的方法和手段尽可能挖掘红色文化资源的潜力,在开展大学生思想政治教育工作的过程中与红色文化资源紧密衔接,进一步提高大学生的理想信念水平。

(二)红色文化具有对大学生民族精神培育的奠基作用

红色文化是传承中华民族精神的重要纽带,它极大地丰富和扩大了中华文化的内涵。红色文化的精髓是爱国主义,它不仅对坚定大学生的政治信念具有积极的促进作用,而且有助于培养大学生的民族精神。在一个民族发展繁荣的过程中,民族精神的作用不可小觑。红色文化在培养民族精神方面具有积极的意义,它有利于提高一个民族的向心力,促使一个民族努力奋斗和奋发向上,能够增强一个民族的凝聚力,进而激发民族的斗志。

1.红色文化能够凝聚大学生的民族力量

红色文化承担着传承和弘扬我国红色文化的责任,在教育方面发挥着不可替代的作用。中国共产党成立以来,与人民群众一起积极探索努力奋斗,经历了革命、建设和改革开放的各个时期,在此期间便形成了宝贵且极具教育意义的红色文化。红色文化能够凝聚大学生的民族力量表现在以下两个方面。

(1)红色文化能够深入挖掘大学生思想整合力

红色文化中包含了众多教育资源和综合素质,激发大学生思想政治整合力并逐步提升。大学生群体属于新时代接受高等教育群体,有着开阔的视野和敏捷的思维,比较容易接受新鲜事物,而这也是当代大学生重要的思想特征。然而,当代大学生思想也存在诸多问题,在红色文化的熏陶和引导下,能够在一定程度上弥补此项不足。红色文化融入思想政治教育,可以让大学生政治理论水平有所上升,也能够开阔视野和提高思维灵敏性,可以从辩证角度来思考社会上出现的各种现象。基于此,需要对大学生思维进行整合,形成一个良好的精神状态。

(2)红色文化可让大学生群体拥有内聚力,继而凝聚在一起

大学生群体规模巨大,但是不同群体接受的教育背景存在一定的差异,无法凝聚在一起,以至于当代大学生缺乏内聚力。借助红色文化资源,可让大学生综合素养逐步提升,形成良好且先进的完整人格。大学生接受思想政治教育,在增加自身专业知识和相关文化底蕴的基础上,还能够提升相互之间的凝聚力,进而增加此群体的内聚力。

(3)红色文化能够增强大学生群体向心力

红色文化存在一种内在精神力量,能够让大学生受到此种精神的感染和熏陶,进而紧紧地将大学生凝聚在一起,这就是将大家凝聚在一起的向心力。不难看出,红色文化具备了丰富的民族精神力量,让大学生产生浓厚的民族归属感和爱国意识,将大学生民族力量凝聚在一起并发挥作用。

2.红色文化激励大学生民族斗志

大学生具有丰富的文化知识,同时还需要较高的民族斗志,两者相结合才能让我国在全球站稳脚跟。一个国家具有良好的民族意识,就要求全国人民有良好的群体意识和民族意识,约束自身行为来保证民族和国家整体利益,进而确保国家整体目标和个人目标相符。

(1)红色文化能够引导大学生形成一致的价值目标

只有保证人民统一做到艰苦奋斗、积极进取和自强不息,才能够形成强大且持久的民族精神。让大学生学习红色文化,能够让他们直观地感受到革命先辈们为了国家而不懈地努力和奋斗,从而让他们热爱中华民族,为实现中华民族伟大复兴目标而积极奋斗,通过自身行为来表达出对中华民族的深厚感情。

(2)红色文化能够提升大学生文化竞争力,进而增加民族竞争力

大学生学习红色文化,能够让其具有良好的文化素养进而适应社会,同时还能够助力大学生成长,成为一个对社会和对国家有用的人才。所以,在大学生思想政治教育中融入红色文化,能够让大学生良好地适应社会并进行竞争,还能够整体提升民族综合竞争力和整体实力。

(3)红色文化能够增加大学生的自信心

大学生接受红色文化教育并得到其熏陶,不可否认红色文化具有丰富的文化因子,而这也是呈现民族精神文化的重要方式之一。在这些民族精神文化作用下,能够让大学生情感和精神接受到熏陶,进一步提升大学生民族自信心,进而生成感召力和凝聚力,让大学生能够为了实现中华民族伟大复兴梦而积极奋斗。

3. 红色文化增进大学生民族情感

红色文化不但对激发大学生的民族斗志具有积极的作用,而且也能激发大学生的民族情感,促使他们为实现中华民族伟大复兴的目标而努力奋斗。红色文化是在艰苦卓绝的革命斗争中逐渐形成的文化,红色文化反对帝国主义和封建主义,志在摆脱帝国主义和封建主义的压迫,实现中华民族独立。我国优秀的传统文化与红色文化是一脉相承的,所以可以借助红色文化教育让大学生对当下我国面临的来自国内外的各种困难和挑战有充分的认识,从而激发大学生的斗志,为实现中华民族伟大复兴的目标贡献自己的力量。

(1)以红色文化作为桥梁和纽带,在大学生群体中将红色文化与民族精神有机地结合在一起

红色文化包含着丰富的民族精神,它对大学生了解我国几千年的历史和文化有很大帮助,从而能更加深刻地感悟中国共产党领导中国人民进行艰苦卓绝的革命斗争和我国实施改革开放的政策以来取得的发展成就。通过红色文化教育,这种感悟将进一步深化和加强,最终激发大学生对中华民族的情感。

(2)红色文化对大学生的行为具有积极的引导和约束作用

艰苦奋斗的精神鞭策大学生在日常学习和生活中对民族精神有了更深刻的认识,并且能深刻地把握民族精神形成的过程、民族精神的内容和内涵等。此外,通过红色文化教育,有利于大学生学会和掌握科学的方法,积极发扬民族精神。

(三)红色文化对大学生的人生发展具有激励作用

红色文化中蕴含了一个民族的精神,也代表着一个时代的丰碑,能够使当代大学生坚定信念,形成良好的共产主义理想信念。所以,红色文化是引导大学生正确选择人生的重要教材。站在群体角度思考,大学生的人生选择与国家和社会发展存在密切关系。站在个体角度思考,大学生的人生选择与人生状态和生活方式存在密切关系。

1. 红色文化对大学生学习动机的影响

大学生的学习行为不是随意的,一般来说需要以一定的内外驱动作为支撑,以调动

学习积极性，培养学习兴趣，进而达到学习目标。无论任何一种动机的达成都需要以对社会和国家贡献的价值作为基础。所以需要明确当代大学生应该具备何种追求和价值观呢？高校大学生在实现价值的过程中可以发挥包含明显的时代烙印和特点的红色文化的作用，进一步激发大学生的学习积极性，并且激发大学生的学习驱动力。比如，在抗日战争时期，当时的进步青年都纷纷选择来到延安，在他们看来延安是一个圣地。为了追求真理和进步，全国的进步青年来到延安聚首，以实现国家独立和民族解放的愿望。面对延安匮乏的物资和艰苦的环境，他们依然能够看到民族的未来，找到实现中国人民价值的途径。所以，可将延安和井冈山这些具有生动形象意义的红色文化，以一种现代姿态面对大学生，拉近红色文化与大学生的距离，让他们真实感受到红色文化的教育价值及现代社会中红色文化产生的巨大作用。所以，对大学生进行针对性的红色文化教育，能够对其产生积极的教育作用，为大学生走向社会并实现理想，意义重大。

2.红色文化对大学生择业意向的影响

通常，有诸多因素共同影响着大学生的择业意向。在选择期间，应引导大学生在考虑物质基础的同时，还需要对精神条件进行考量，要对未来发展和当前发展进行共同关注，统一个人发展意向和社会发展意向，从而正确把握价值观和利益观关系。分析红色文化体现出的价值观可知，其中能够将广大人民利益价值观和实践体现出来，通过这些实践将个人、党、人民、民族和国家利益统一，并付诸为实现中华民族伟大复兴梦的实践当中去。红色文化中具备的献身革命主义和报效国家精神，与共产主义理想信念相吻合。雷锋在自己有限的生命力，为实现人民利益而积极努力地工作。在张思德看来，为人民利益工作高于一切。这些资源能够正确指导大学生择业，也能够直接或者间接地影响大学生择业意向，对大学生未来发展产生积极且正面的作用。

3.红色文化对大学生自主创业的影响

对于大学生来说，自主创业是众多就业形式之一，红色文化对大学生的自主创业会产生重大影响。大学生通过自主创业，能够将红色文化转化为社会生产力，为社会经济发展做出一定贡献。红色文化由物质文化和精神文化两部分组成，不同类型的红色文化对大学生自主创业产生的影响也不同。其中，在大学生自主创业过程中，大学生不但使用文化这种具体的形式，而且对红色文化产品具备的内在价值表现出浓厚的兴趣，容易在思想上达成共鸣，促使大学生全身心地投入到创业中去。此外，在大学生自主创业中，红色精神文化能够产生重要的精神力量，引导大学生管理自身行为并积极创业。当代大学生形成良好的自主创业品质，便能够在我国提供的实现中华民族伟大复兴梦的舞台上尽情地表现出来。具有创新潜质、正确的思想导向、扎实的专业知识和爱国情怀的大学生，为了实现人生价值和社会价值而积极努力奋斗，从而得到大众和社会的认可。运用红色文化资源能够引导大学生积极创业并发挥激励作用。

总的来说，中国共产党领导中国革命留下的产物便是红色文化资源，从中能够显示出我国人民在中国共产党的领导下的精神状态和政治面貌，它是中国先进文化不可或缺的一部分，是中国共产党为了解放和独立民族，经过长久斗争而得到的精神财富和物质遗产。以延安和井冈山为代表的优秀红色文化资源，是培养大学生形成理想教育信念和培养民族精神的重要载体。大学生思想政治教育与红色文化融合之后，便能够提升教育的生动性和感染力，优化教育资源和教育办法，从而让大学生在红色文化熏陶下感受传统教育意义，让大学生有足够的精神财富成长和发展。红色文化是我们宝贵的精神财富，一个红色旅游景点是一个生动的课堂，其中包含了众多道德修养和政治智慧因子，在培养大学生党性和爱国主义情怀时，应该对这些革命传统资源进行合理利用。所以，在培养社会主义接班人和中国特色社会主义建设者时，在实现中华民族伟大复兴梦过程中，红色文化资源为我们提供了宝贵的资源。

第三节 红色文化应用于高校思想政治教育实践

一、坚持社会主义核心价值观的价值导向

（一）加强社会主义核心价值观的理论研究

如今，经济全球化进程持续加快，作为社会发展不可或缺的储备力量，大学生正处于全面发展综合素质的关键时期，我国非常重视大学生群体思想政治教育。社会主义核心价值体系中，社会主义核心价值观占据了绝对位置。党的十七大报告中明确表示，我国要推进社会主义特色化建设就需要始终以社会主义核心价值观为导向；十六届六中全会中同样指出，我国依然需要继续社会主义核心价值观体系建设，不难看出党和国家对此十分重视。红色文化精神的核心为社会主义核心价值观，本身就具有重要意义。此外，社会主义核心价值观的导向作用，对发展红色文化起到了非常重要的作用。大学生正处于培养价值观和人生观的关键时期，在此期间需要多角度和全方位地引导学生，建立正确的社会主义核心价值体系，以理论进行引导，让学生能够在多样化思潮中保持警惕，继而正确对待。

如今，人们将红色文化以一种特定文化形态对待，从中能够看出社会主义优秀文化本质，在社会主义核心和价值体系中能够看出其精神实质。基于此，大学生在学习红色文化期间，教育者应发挥出社会主义核心价值观理论的重要作用，创新教育方法和教育模式，让大学生能够保证良好的热情和坚定的决心，让民族文化和时代精神得以传承和弘扬。要达到这一目标，就需要培养大学生的价值观理论和社会主义核心知识。马克思曾经表示："让人信服的理论，便具有了掌控群众的力量，若理论能够做到彻底，那么就能说服人。"由此可见，学习理论至关重要。坚持在社会主义核心价值观的引导下，大学生要全方位地学习具有中国特色的社会主义理论。建设社会主义核心价值观体系，必须建立在宣扬红色文化的基础上。

我国在中国共产党的领导下，目前正处于关键阶段，为各个领域转型提供了良好的

机会。我国对和平和发展十分重视,但是依然存在个别国家的敌对,这些国家试图通过社会思潮来影响我国正常进行的社会进程。信息化高速发展的今天,各种成熟和半成熟思想进入到国内,作为接受新事物最快的群体,大学生价值观也逐步朝着多元化方向发展,部分甚至与社会主义方向背道而驰。这正是敌对势力想达到的目的,试图渗透和颠覆我国社会主义核心价值观。基于此,高校对此应给予高度重视,采取有效措施来引导大学生正确对待红色文化,并将其列为教育体系中的核心位置,同时将此融入大学生教材中,成为学生学习期间的必学内容。大学生学习红色文化有重要意义,对其未来形成社会主义核心价值观具有重要作用。高校需要以学生特征制定对应的主题会和报告会等,让高校思想政治教育课程良好地运用红色文化这一优质资源。

(二)引领红色文化教育的实践养成

只有经过实践的真理才是颠扑不破的,通过实践能够有效融合高校文化建设和红色文化理论。大学生在学习相关理论之后,高校需要为其打造实践平台和创造机会,让其能够良好地吸收红色文化理论成果,发挥实践教育作用。

(1)在高校校园文化中融入红色文化,教师组织红色文化专题活动,让大学生去往革命根据地和文化遗址参观,通过这些让大学生从内到外地理解吸收,以实践来让大学生正确理解道德准则,这是学习理论无法达到的目标。

(2)以慰问革命家和家属、祭拜革命先烈等方式,拉近大学生与理论学习主人公之间的距离,体会红色文化教育在现实中的教育意义,更加深入地理解社会主义核心价值观中的艰苦奋斗精神和爱国情怀。在此期间,能够充分利用红色文化教育基地作用,有效结合理论与实践,让大学生实地考察红色历史,这能够发挥、升华大学生精神境界的作用,在构建社会主义核心价值观时便能够起到重要的助力作用。大学生通过此类活动便能够感受到传承红色文化的意义,从而产生强烈的民族自豪感和成绩感,自然具有能够抵抗敌对势力的思想腐蚀。长此以往,学校便能够将红色文化育人功能最大化发挥出来,以做好大学生思想政治教育工作。

二、营造社会红色文化教育氛围

(一)加大研究保护力度,挖掘红色文化资源

(1)政府保护红色文化力度还需要进一步加强,最大化发挥出红色文化资源作用,有序开展地区和校园文化建设工作,展示出党和国家对红色文化的重视和保护。各级政府在建设红色文化服务体系期间,需要对国人基本文化权益给予一定的保障,一方面加大研发力度,另一方面对红色文化资源进行深入的保护,在政策和资金上给予最大力度支持,让优质红色传统文化得以传承和弘扬,彻底摒弃其中的糟粕。

(2)政府相关部门应加大推广力度,采取工作整理、资料收集等方式,有力推广红色文化书籍,有效结合红色文化和社会实践,让学生有更多的接触。政府相关部门在保护

非物质文化遗产和文物时应加大力度,保证文物完整性,从而将红色资源教育实效性切实地发挥出来。

(3)传承和弘扬红色文化是一个系统工程。在此期间需要与时代共同进步,保证开发的综合性。准确认识开展公共文化服务体系建设和发展文化艺术产业的使命和目标,让文化服务、文化设施和文化活动育人作用切实地发挥出来。传播红色文化教育功能时,可将红色文化遗产科学转化成经济效益,为传播和弘扬红色文化准确足够的资金。

(二)注重手段创新,展现红色文化魅力

(1)大学生是弘扬和传承红色文化的执行者,需要对自己的言行举止进行严格把控,在积极努力学习中寻找全新的途径和渠道。站在另外一个角度思考,教育主体同样属于红色文化传播者,需要将红色文化号召力和影响力最大化地发挥出来,还需要通过自身行为来践行和发扬。面对全新的形势,高校并不是承担红色文化教育的唯一主体,还需要社会各界积极参与,借助技术和网络作用发挥出红色文化教育功能,体现出其魅力和价值。

(2)在推广红色文化时,高校教师需要先从自身做起,发挥示范作用。教师需要对红色文化有深入的了解,在此基础上提升道德素养,发挥模范作用。只有教师充分接受红色文化,从言行举止中散发出红色文化的价值和魅力,从而逐步感染大学生,进一步提升教育质量和效果。

(3)教育的各个方面均需要重视。在学生受教育生涯中高校教育占据了重要位置,作为祖国的未来和社会储备力量,大学生在接受理论教育的同时,还需要进一步提升道德文化素养,丰富精神世界。只有这样才能够让大学生自身更加丰富,才能成为为国家和人民服务的一分子。

(4)创新传播渠道。应对大众传媒这一工具进行合理利用,扩充传播渠道,优化创新办法。借助大众传媒和网络媒体工具,让红色文化能够弘扬。基于正确导向,将社会正能量传播开来,让人民需求和时代需求得以满足。体现红色英雄人物的示范作用,将具有感染力和影响力的英雄事迹以读物形式出版,并将其拍摄为影视作品,让红色文化得以传播。同时,还可以借助电视节目举办多样化比赛,选拔红歌,借助比赛让红色文化体现出来,让人们感受到红色文化的魅力和价值。

三、加强校园红色文化建设

(一)引导校园红色文化环境建设

校园文化对大学氛围有极大的影响。大学阶段是形成大学生人格最核心的一个时期。就现在的情况来看,高校还没有足够重视红色文化的教育作用,还需要进一步加强营造红色文化氛围和红色校园文化。第一,大学生还没有深入学习红色文化理论;第二,大学生在校期间并没有深入地感受红色文化的教育作用。基于此背景,高校必须站在多

个角度建设红色校园文化,进一步提升教育影响范围和宣传教育理念,让大学生能够对红色文化有切实的感受,也能够对自身各个方面有正确的引导。高校需从下列两个方面入手:一是基于思想政治教育大力支持,让辅导员承担起教育工作相关责任,确保师生之间能够就红色文化教育进行良好的交流,在建设红色文化教育氛围期间能够良好地融入红色文化;二是构建实施细则和教育目标,从而为建设红色校园文化提供正确的指导。

大学生进入大学,校园物态环境和校风建设对这一群体必定会产生不同程度的影响。其中,能够产生直接影响的包括校园文化和校园建设。以此作为出发点,将红色文化融入校园建设中,如在校园中增加英雄塑像,或者是对某一段路用英雄名字命名;在校园展览栏中展示红色文化教育;校园广播传播红色文化等,以此从校园各个方面来体现出学校对红色文化教育的重要性。大学生在日常学习和生活中会对红色文化有直接或间接的接触,从而内化红色文化。此外,高校还可以主动走出去,积极同地方红色文化馆开展合作共建,通过"校馆共建"建立教学研究基地,充分发挥高校在红色文化研究、教学方面的优势和红色文化馆具有的丰富红色馆藏优势。

(二)积极开展红色文化主题活动

红色文化的表现有多样化的形式,在提升大学生思想政治教育方面其发挥了重要作用,所以在校园中可以指定多样化红色文化教育活动,进一步提升其思想政治教育功效。大学生在校期间积极参与各种校园活动,若高校能够组织生动有力且具有重要意义的红色文化校园活动,大学生积极参与,便能够将红色文化作为自身精神和文化载体。制定活动时应尽可能选择大学生喜爱的方式,如拍摄影视作品、拍摄红色旅游照片和红歌比赛等。以社团形式对传统的运作模式进行调整,让学生感受到更多的乐趣之外,还能够在校园文化建设中融入更多红色文化。在进行思想政治教育中,应始终遵守活动育人和实践成才理念,让学生能够在校园文化中切实感受到红色文化,以实际行动来传播红色文化教育理念,让更多群体感受到红色文化教育的意义。以寓教于乐形式增加大学生对红色文化的感悟并得到不一样的体验,在多样化实践活动中融入红色精神,对大学生思想进行武装,同时也能够让大学生精神生活更加丰富。

(三)整合校园红色文化教育媒介

思想政治教育具有强大的育人功能。人的思想会受到外界的影响而产生一系列的直观体验。因此在改善大学生的学习生活环境、丰富大学生直观体验的同时,增强大学生对红色校园文化的认同感是不可忽视的。在校园的文化长廊等场所可以多建设一些红色景观,积极拓展校园红色文化环境。在改善社会这个大环境的同时改善大学校园这个小环境,进而发挥道德教育功能,多管齐下,在细节处着手,全面实现红色文化的教育目的。

无可厚非,思想政治教育有非常好的育人功能。在对大学生生活环境进行优化的同时,还需要采取多样化的形式丰富其直观感受,让大学生认同红色文化的重要作用。

(四)组建高校红色文化社团

大学生进入校园之后会根据自身喜好加入不同的社团,与社团一起活动,提升自身适应社会能力,与人交往能力及综合素养。

(1)高校带领学生组建红色文化社团,将红色教育理念融入社团活动当中。社团主体是学生,在研究和弘扬红色文化中发挥了重要的推动作用。在没有年龄界限且沟通无障碍的背景下,传播红色文化必定能够起到良好效果。将高校社团作为传播红色文化重要阵地,社团成员之间相互沟通交流,为弘扬社团红色文化出谋划策。组建多样化的红色文化小组,如作品展示小组、文化活动策划小组及红色文化理论研究小组等。在此期间,大学生积极参与,表现出了极高的主动性和积极性,进而将红色文化真正地融入校园文化建设当中。

(2)在发展红色文化社团时,高校需要从整体上把握方向,有效结合思想政治教育理念和红色文化,此外还应该密切关注和严格把控红色文化教育活动方向,避免出现不利因素对校园发展产生负面影响。红色文化社团若在正常活动中出现问题,学校应指派教师对其进行引导和调整,确保社团能够有序推进。

(3)红色文化社团要将社团理念弘扬开来。招收新团员,扩大团员规模。对比高年级和低年级社团成员,后者参与社团积极性明显更低。红色文化社团应带动各个年级学生积极参与社团活动,有效结合红色文化理念和实践,进而做好红色文化教育工作。

四、开辟新时期红色文化传播的新阵地

(一)提升教育工作者的新媒体素养,建设一支善于运用新媒体加强红色文化教育的宣传教育队伍

这个队伍主要由以下人员构成。

(1)专门从事新媒体文化宣传的专职干部(如学校党委宣传部下设新媒体中心,安排专职干部负责新媒体工作),这部分人员主要负责对新媒体传播内容的发布和把关。

(2)专门从事红色文化研究与教学的师资团队,主要由马克思主义学院的骨干教师和部分资深辅导员组成,负责收集、整理红色文化和策划各类红色主题教育活动。

(3)专门从事学生红色文化教育的学生社团,由熟悉运用新媒体、对红色文化感兴趣的学生党员和学生干部组成,主要负责运用新媒体制作、传播各类红色文化,活跃校园氛围。

(二)运用新媒体构建数字化红色文化资源库,丰富大学生红色文化教育的内容和传播途径

红色文化的主要载体是革命遗址、革命文物等各类红色资源,这些资源受到地域性的限制和文物保护的需要,不能离开当地而进行广泛展示,因此影响了大学生对这些鲜活的红色文化的深入了解。新媒体通过图文、视频等数字化手段,突破了时空和地域的

限制,将各类实体化的红色文物资源"转换"成了高度逼真的网络化、立体化的红色文化资源,从而构建了数字化的红色文化资源库。大学生通过手机媒体,足不出户就可以自由、便捷地学习到各地各类的红色文化。高校教育工作者也通过数字化的红色文化资源库,收集素材和丰富教学内容,极大丰富了大学生红色文化教育的感染力和时代感,拓宽了教育的途径。

(三)推动新媒体与传统媒体传播机制的高度融合

传统媒体与新兴媒体优势互补、一体发展,为高校开展大学生红色文化教育指明了方向,就是要在继续运用好传统媒体的基础上,推动新媒体和传统媒体在内容、渠道、平台、管理上的深入融合,构建红色文化教育的立体多样、融合发展的传播体系,从而推动红色文化进一步进网络、进校园、进课堂、进头脑。

五、强化自我教育,充分发挥大学生主体的自我教育作用

(一)提升自身的红色文化理论知识

当代大学生应做好自我教育工作,认识到任何平台和教育者都无法替代大学生自身的主体教育作用。马克思主义哲学认为,矛盾发展中外部因素只能发挥次要作用,真正起到决定作用的始终是内部因素。所以,大学生才是红色文化教育的主体,在红色文化教育中展示的是决定性作用,由此可见在教育中大学生所占地位非常重要。

(1)革命战争年代形成的红色文化,虽然与如今有较长一段时间,但是文化本身依然是科学且先进的。发展至今,其依然具有非常重要的教育意义。在校园文化中融入红色文化,不管是高校思想政治教育还是红色文化,其都能够发挥重要促进作用。大学生在学习红色文化理论时应保持积极性和主动性,挖掘红色文化理论中能够对自身成长发挥作用的资源。让自身有足够的理论知识抵抗外界思潮,拥有良好的政治思维,提升自身专业理论知识和综合素养。大学生需要对思想政治教育积极反应,从最纯粹的大学课堂中学习红色文化,为之后弘扬红色文化做好准备。学习不能太过于形式化,不能局限于课堂知识,如学习课外读物,同样属于学习红色文化的重要途径。一些杂志和报纸中有大量对红色文化的评价和精神内涵的分析,而且非常到位,大学生可对此类红色读物和红色影视剧作品进行观看。影视剧中有浓烈爱国情怀的作品,代表性较强的有《建党伟业》《我和我的祖国》《战狼》《长津湖》等。此外,大学生举办的经典讲座和文化沙龙同样具有重要意义。对于此类有重要意义的文化活动,大学生应积极参与。业余时间进入知名红色文化网站中浏览相关知识,学习红色文化中的精髓,充分融合自己日常生活和红色文化精神内涵,为实现自身远大理想而努力奋斗。

(2)大学生应对革命先辈的爱国主义情怀和光荣传统进行学习,为实现共产主义事业而积极奋斗的精神气概同样值得大学生学习。大学生应对自我教育进行强化,积极奋斗,与时代共同进步,有决心和有勇气追求自身目标和为实现共产主义事业而奋斗,成为

一个有价值且能够为社会做贡献的人。当代大学生需要将马克思主义作为指导,马克思以无产阶级领导者和共产主义运动发起人身份,为后来者准备了充足的精神财富,我们应该终身学习马克思主义的精神和理想信念。

(二)加强自身的红色文化实践活动

检验真理的唯一标准就是实践,统一实践与理论是马克思主义基本原理。要让理论发展壮大,就必须经过实践的检验,要发展红色文化,就必定需要社会实践和相关反馈。大学生群体是追求自主化和个性化的先锋,期望通过自己的积极奋斗实现自身目标并展示自我价值。当然,大学生要追求独立和发展,必须建立在始终按照党的路线和共产主义方向前进的基础上。高校在对大学生主体意识表示尊重外,还需要有效结合教育和适当的引导,让大学生保持足够的热情。在向大学生传授理论知识时应尽可能地与实际相结合,与学生群体拉近距离,真正发挥出自我教育功效。此外,高校还需要采取多样化措施激发大学生学习的积极性,积极创新把握机遇。大学生在实践期间,应结合自身特征和相关因素找到学习红色文化理论的不足之处,为内化红色文化奠定坚实的基础。所以,大学生必须积极参与社会活动,才能够对红色文化进行正确理解并合理运用。多样化的红色文化实践活动,可让大学生在实践中真实地感受到红色文化的价值和魅力。而经过一系列红色文化实践活动之后,理论学习便不再是枯燥无味的,一方面能够让大学生真正地学习到理论知识并合理利用;另一方面能够让大学生形成良好的价值观和人生观。

大学生可自行前往红色学习基地参观,只有实际到类似于井冈山和延安红色景区等红色学习基地参观学习,才能够切实地感受到老一辈的努力和爱国情怀发挥的作用。前往红色学习基地,能够让大学生对前辈的先进事迹有切身的体会,从而正确认识并认可。绝大部分红色旅游之地设置了战争模拟场面,引导大学生前往,使其真实地感受到老一辈革命家为共产主义事业付出的努力,将其与自身学习到的理论知识结合起来,能够最大限度地激发大学生的爱国主义情怀,进而有效提升大学生个人综合素养。

学校组织的红色社团活动,大学生同样应该积极参与。大学生应积极响应学校举办的多样化的红色文化交流活动,并积极主动地参与,对于一些有鲜明时代特色和红色文化因素的社团活动,更是应该大力支持。只有切身地参与到活动中,才能够正确认识红色文化并自觉地向外传播,只有真正理解并认可红色文化,才能够体现出红色文化育人的价值,大学生也能够在此活动中锻炼自身各项能力,发挥自身个性,从而形成完整的人格。

第五章　校园文化与高校思想政治教育

随着社会主义核心价值体系的确立,国家日益重视其主导和引领作用的发挥,党的十八大更是将其作为重塑价值观念、引领思想潮流、凝聚社会共识的有力工具,要求高校要以立德树人目标为根本任务,充分利用校园文化的熏陶作用,不断加强思想政治教育工作,培养政治信念坚定、专业能力过硬,具有国际化、现代化思维的复合型优秀人才,为中国特色社会主义的时代化发展注入动力和活力,为中华民族的伟大复兴提供智力支持和人才保障。

第一节　校园文化概述

一、校园文化的基本内容

作为培养高端人才的高校,在其发展过程中必然形成特色的校园文化,成为标识其独特性、竞争性、价值性的内在属性,这也是一所高校的灵魂所在。1986年,上海交通大学在其12次学生代表大会上率先提出了"校园文化"这一概念,随之便得到学术界的广泛认可,并在社会各界引发热议。其定义最初仅限于两个方面,一是学校组织的艺术教育,二是学生开展的具有文学价值和艺术价值的实践活动。诸多上海高校便在当年举行了独具一格的校园文化艺术活动。1987年,全国范围内的校园文化艺术活动广泛开展起来,并且,越来越多的社团组织也自发组建起来,既有利于落实党的教育方针,活跃学生的精神生活,还有利于形成对社会发展的正确引导。这种现象也引发了人们的极大关注,成为研究的重要内容,由此,校园文化理论得到丰富发展。20世纪90年代初,学术界成功组织了"全国校园文化理论研讨会",对于该领域的研究具有里程碑式的意义和价值,即由实践性、零散性的研究发展为理论性、系统性的总结,有力助推了校园文化的理论与实践一体化的发展。20世纪90年代中期,该领域的研究更为科学、更加系统。

对于高校校园文化而言,它是作为社会亚文化存在的一种文化形态,是体现高等教育现状、特点、趋向的一类文化。对于校园文化的概念,我国学者分别从不同维度进行了研究,提出了各自不同的观点、看法,但至今仍未对此形成统一的认知。有学者指出,所谓校园文化只是与学生相关的、具有文学价值和艺术价值的一系列实践活动;还有学者指出,校园文化不是课内或课外行为,而是以独特的文化氛围对大学生的思想、情感形成影响,使他们在耳濡目染中受到熏陶、教育和启迪,从而促进他们实现全面发展和个性发挥的一种文化形态;还有学者认为,校园文化其实是一个学校的物质性内容和精神性内容的总和。学者们对于校园文化的定义均具有一定的科学性,但都是从某一视角做出的阐释,具有明显的片面性,没有全面阐明其外延。而我国学者骆郁廷通过长期深入的研究,提出了相应定义,即教师主导下学生自主参与其中的,促进学生全面发展和个性发展的,助力全员能力素质提升的,在一定校园范围内形成的,与生产、教学、科研相关的物质及精神成果。因此,可分别从物质、精神、制度等维度对校园文化进行分类。就其文化构成而言,校园文化是一种社会亚文化,也就是社会文化的重要内容之一,两种文化存在密不可分的关系。因此,校园文化其实是一种在校园范围内盛行的社会文化,既体现出其普遍性,形成与社会文化的统一性,又折射出其特殊性、局部性,是以文化特性教育、引导个体,从而达到影响社会、服务社会的目的。

(一)校园物质文化

校园物质文化指的是通过全员、长期的共同努力,在学习、工作、生活等方面创设的物质环境,是一种物化的文化形态,承载着人才培育、科研创新、文化传承等重要功能。它已超出某处景观的局限,更多的是一种文化标识,能够对师生的思想情感产生相应影响,从而激发他们的能动性,以更为深情的态度投入到工作、学习和生活中。如北京航空航天大学精心设置了艺术馆、音乐厅等相关物质环境,创设了浓厚的育人氛围,不仅形成了优良的人文艺术功效,而且产生了良好的社会反响。总之,在只有创设具体实效的校园物质文化,才能体现学校独特的思想理念、存在价值及精神趋向,能够形成对大学生的思想情感潜移默化的影响,从而达到良好的育人效果。

(二)校园精神文化

校园精神文化指的是学校在长期发展过程形成的、体现师生共同意愿、价值趋向、道德观念和思想情感的理念和氛围,如校风、校训、学风等。它是一种隐性的存在,虽然无形但影响全面,体现出校园文化的核心内容,展现出学校的办学理念,同时在不同历史时期也会随着时代发展而不断演进,通过长期积累形成一个学校的鲜明标识。由于校园精神文化具有独特的内隐性,因此,必须在相应载体下才能存在并发挥作用,如校训等,从而对某校精神特质做出释义;同时,这种内隐性也使校园精神文化缺乏准确的评判标准。总体而言,校园精神文化的产生与发展会受到以下因素影响。

一是时代发展需求。

二是社会主义核心价值观。

三是社会主流思潮。

四是教育教学规律、理念、目的及教学活动。

实践证明,优秀的校园精神文化能够发挥极为优异的"塑型"作用,可有力促进大学生健康人格的形成与发展。

(三)校园制度文化

校园制度文化指的是出于维持正常教育教学秩序的目的,学校依据相关法律法规、立足自身实际需求,形成的一系列管理制度、规范要求等。它是确保校园文化建设有序推进、高效实现、丰富发展的有力保障,也是保证相关教育教学活动有效达成的基础和底线。由实践可知,在学校发展过程中,必须进行持久、科学的校园文化制度建设,将规章制度纳入学校长远发展规划中,确保两者的统一性、互益性,促进各项教育教学活动的有效实施。追本溯源,中国的大学章程起源于1901年袁世凯上奏光绪皇帝的《山东试办大学堂暂行章程》,是中国最早的大学章程。如今的山东大学,延续着这一传统,把章程作为制度建设的核心,不断强化这一章程在制度建设中的引导和核心作用,从而构建起科学完善的山东大学制度体系,特别重视榜样示范的引领,有力助推了优秀文化的传承,同时结合时代特色进行思想文化方面的创新,有力提升了人才培养质量。因此,高校必须高度重视校园制度文化建设,以立德树人为根本任务,并将促进大学生全面发展和个性发挥作为自身责任和使命,深刻理解国家的教育方针、政策,正确阐释各级政府、教育主管部门发布的章程、指示,立足自身实际需求,形成符合要求、具体实际、极富特色的规章制度。由此可以看出,校园制度文化能够形成对校园行为的有力规制,促进学生更加自觉地遵守各项制度,在日常学习、生活中形成一种自我要求,进而内化为自身的行为指南,达到强制与自觉的有机统一,这是一个动态发展的过程;同时,校园制度文化还体现出稳定性和变动性的特点,前者指的是规章制度的产生与维持是基于一定的环境条件,具有相应的稳定性,但它必须随着时代的变化、环境的变迁而出现相应变化,受到相关政策、法律、制度等方面的深刻影响,会在原来条款、内容的基础上,取其精华、推陈出新,实现丰富发展,从而更好地满足时代发展、社会进步的需求。

二、校园文化与思想政治教育的关系

(一)校园文化与思想政治教育的共性

1.教育对象的一致性

无论是校园文化还是思想政治教育,均面向大学生,因此,他们的教育对象具有一致性,即在校大学生。通过对大学生的教育,使他们具备应有的知识储备、理想信念、价值观念,同时,大学生也会以其活跃的思想、灵活的形式实现对校园文化的承载和传播。而高校在开展思想政治教育时也是将大学生作为教育对象,着重对他们进行"三观"教育,以坚定他们的理想信念,树立其远大目标,强化其爱国思想,构建其社会主义道德体系,以培养中国特色社会主义的建设者和接班人。对大学生进行思想政治教育过程中,不仅需要大学生以接受知识的客体存在于这一教育活动中,还要以自主实践的主体身份接受、验证所学知识,体现出主体与客体的有机统一。通过以上阐述可知,进行校园文化建设和思想政治教育,其主体均为大学生,两者具有一致性。

2. 培养目标的一致性

进行校园文化建设的目的在于助力学生的全面发展和个性发挥,这与思想政治教育的目标是一致的。具体而言,两者都是为了培养大学生深厚的爱国主义情感,使他们具备勇于拼搏、敢于创新、爱国爱民、奋力前行的优秀品质。为达成这一目标,高校必须对现有教育资源进行重新安排,以实现资源的优化整合,然后对各部门工作职能进行梳理,做出全新分配,从而更好地发挥各自优势,促进相关问题的有力解决;邀请不同学科的专家学者为学生进行专门授课,以丰富、提升他们的专业知识;组织更为多元的社会实践活动,不断增强学生的社会适应力,同时,促进学生更好地理解所学知识,并在实践中加以验证、改进,从而获得理论与实践一体化的体验。高校思想政治教育是为了提升大学生的道德、文化、身体等各方面素养,为他们树立正确的"三观",使他们具有更高的政治觉悟,成长为社会需要的优秀人才。在长期教育实践过程中,思想政治教育实现了探索、创新、传承与发展,对优秀文化的传播产生了重大影响,有利于大学生思想观念、价值习惯的健康养成,能够提高他们的综合素质,成长为符合时代需求的复合型人才。所以,两者在培养目标方面体现出较高的一致性。

3. 均体现出鲜明的时代性

在长期建设过程中,各高校实现了对校园文化的丰富、创新与发展,是各个时期历届师生共同奋斗、实践创新的结果。同时,校园文化也会随时代的发展而呈现出新潮性,体现时代主导文化的发展要求与趋向,并成为时代的引领;而思想政治教育必须以"时鲜"内容为素材,贴合社会发展实际,体现政治需求,具有变化性和稳定性的特点,特别是在网络时代条件下,世界经济一体化加速发展,社会文化日益丰富多元,大学生会受到诸多思想文化的影响,这一情形下,需要思想政治教育必须与时俱进,持续更新,增强自身信服力、生命力。所以,思想政治教育需要依据时代发展实际,不断更新、丰富相关内容,同时,还要符合当代大学生的精神需求,从而体现出应有的时代性。

(二)校园文化作为高校的一种教育形态,承载着重要的思想政治教育功能

开展思想政治教育时,可灵活运用各种载体,如社区文化、企业文化、校园文化等。

1. 进行思想政治教育时可将校园文化作为重要载体,从而创设良好的精神文化环境,进而营造相应氛围

无论何种活动的实施,都需要以相应社会环境为前提,思想政治教育亦是如此。环境对人的思想、情感会产生极大的影响力,使个体产生相应的思想品德,由此可提炼出相应的思想政治教育要素,从而构建思想政治教育的客观条件。总而言之,只有在一定环境条件下,才能进行对应的思想政治教育,同时,思想政治教育也会对环境形成一定反作用。以高校校园文化作为环境条件进行思想政治教育,其实是在一种特定的优化环境中实施的教育,可为思想政治教育提供良好的精神文化氛围。传统模式下,通常会通过课堂教学的形式对大学生进行思想政治教育,师生间形成教育与被教育的关系,虽然能够有效发挥教师的主导作用,但极大限制了学生自主性,教学效果较差。为此,需要充分利

用高校校园文化的育人作用,以隐蔽式、渗透式、无声式、灵活式的方式,影响大学生的思想、言语和行为。在大学校园文化中,校园布局、寝室环境、学习氛围、活动内容等,均能发挥良好的教育作用,对大学生的思想、情操、审美、情感等均产生有力的正向作用。当大学生身处优美的校园环境中时,便会产生一种身心舒畅的良好感觉,当大学校园中具有浓厚学术氛围时,大学生便会产生时不我待、只争朝夕、成就自我的自觉性,汇聚起强大的竞争协作、团结互助、共赴前程的正能量,大学生由此便形成强烈认同感、归属感和依赖感,并在持续努力中转化为一种使命感、自豪感,这种氛围、能量和感受也会反作用于他们的认知与思想。

2.通过校园文化的影响可使大学生产生相应思想认知,形成良好行为规范

进行校园文化建设时,高校必须立足自身实际,确定清晰具体的目标,并形成科学有效的规章制度,从而实现对师生的引导、规制,确保校园文化建设的有序实施。除此之外,只有高效管理校园文化,才能真正激发其含有的教育资源,发挥良好的教育功能,而校园文化中的制度文化必须会产生相应约束力,形成对相关言语、行为有力规制,并通过具体评价标准加以衡量。在这一有力规制下,学生会最大限度遵守各项规章制度,并将其内化为自身内在需求,从而达到内化于心、外显于形的目的,促进大学生形成良好行为习惯,更好地维护教育教学秩序。同时,校园文化也含有"软实力",同样会对全体师生形成相应约束力,将个体行为作为道德规范的对象,通过文化教育方式,使受教育者产生思想、情感和行为的认同。如在大学食堂中张贴节约粮食的标语——"爱惜粮食,从我做起",可强化大学生自觉节约粮食的意识;在走廊张贴名言警句,可使大学生产生相应的警醒意识,有效提高对学校规章制度的认同感,并以这一标准要求自己,提高行为自觉性,当其行为违反这一标准时,内疚感便会油然而生。由此可以看出,这种柔性约束力能够形成更为广泛、深刻而持久的影响。在硬性规定和柔性约束下,会形成良好的遵从氛围,并以制度认知、初步认同、实践强化、反复加强、舆论导向、榜样引领等方式,促进大学生自主的理解、接受制度文化中的思想与价值,并在其道德观念、行为意识中产生相应影响,达到引导、制约的目的,使其形成相应政治信念、价值理想、道德观念等,并在社会实践中进一步强化,促进其道德素质的养成、发展与完善。

3.通过校园文化形成潜移默化的影响,激发大学生的高尚情感并积极实践

当前,在校大学生主要是"00后",他们成长于信息化、全球化及市场经济的环境中,由此决定了他们独特的处世方式,即更强的自主性、更多的选择性。同时,他们崇尚个性,思维敏捷,能够更快地理解、接受新事物,但又缺乏社会经验,难以清晰、科学地辨识不同形态的思想潮流,无法辩证认知不同的生活、交往方式,更无法清晰认知中国特色社会主义的独特性和优越性,很难抵御其他意识形态的侵袭,难以辨清其他价值观的虚伪性,此时如果缺乏正确的引导,则极易导致他们思想的混乱、方向的迷失,甚至深受其他思想毒害而不能自拔,成为其他政治的工具。所以,必须旗帜鲜明、理直气壮地进行思想政治教育,纠正大学生思想中的错误认知,通过教育引导实现对他们的正确引领,形成有力规范与约束,创设良好的社会环境,形成浓厚的爱国氛围。除此之外,还要激发大学生

的自主性,充分发挥他们的内在积极性,形成持续有力的内因作用。人是环境的产物,良好的环境能够塑造健康的人格,促进个体的成长与发展,相反,个体则会在"污浊"的环境中产生错误的认知和意识,付诸错误言语行为,对个体产生误导,甚至使其误入歧途。只有在良好的文化环境中,个体才能得到科学引导、有效约束,才能朝向正确的方向发展,成长为有益于国家、有益于社会、有益于人类的优秀人才,而这种引导和约束正是保证人类发展于更高文明形态的先决条件。同时,个体的学习也是一个螺旋式上升的过程,在层次的持续提升中,学习者会构建起更为完善的知识架构,并不断拓展自身视野,提升其自主学习能力,增强其甄选力,能够有效激发其学习动机。因此,优良的校园文化不仅可以形成良好的环境和氛围,构建起正确的价值体系,而且可以激发学习者的内在学习需求,磨砺大学生的精神意志,使其在学习过程中不惧困难,以超出常人的毅力完成各项学习任务,同时促进大学生形成正确的道德认知、理想信念,建立起高尚情操,并在实践中加以实施和验证。

(三)思想政治教育能够有力保障校园文化建设

1.通过思想政治教育构建起可靠的思想屏障,使校园文化建设更具保障性,同时还可形成有力的政治指导

在高校校园文化建设过程中,必须积极利用思想政治教育这一有力手段,促进高校思想政治教育的传播,更为高效配置政治资源,并形成相应思想产品。由此可以看出,高校思想政治教育承担着弘扬高校校园文化的重任,同时也担负着保障大学生思想健康的职责。所以,进行校园文化建设时,要将思想政治教育作为首选,最大限度地发挥其政治指导作用,以符合国家大政方针、政策法律的要求。同时,还要以中国特色社会主义思想作为根本遵循,将社会主义核心价值观作为指引,遵守相关法律法规,以教育方针政策作为建设的导引,将爱国主义、社会主义作为主要内容,不断增强学生明辨是非、鉴别真伪的能力,通过对不同文化的辨析,不断提高民族自信心、自豪感,善于借鉴外来优秀文化,与自身实际相结合进行文化创新,助力社会主义文化的时代化、现代化、国际化发展。特别是在世界经济一体化进程中,信息技术、网络技术突飞猛进,各行业纷纷加大了与互联网的融合发展,衍生出众多全新经济业态,不仅极大改变着行业格局,而且也有力影响着世界格局,这种影响和改变更多的是通过文化传播实现的,多元文化在网络环境中实现了跨时空的传播,成为一种极具价值、极其有力的竞争工具。高校校园文化的建设必须坚定中国特色社会主义方向,有效甄别、积极借鉴外来文化,通过"扬弃"获得有利于服务中国特色社会主义的内容,同时要进一步加强思想政治教育,从而成为社会主义先进文化的重要组成部分。除此之外,还要始终牢记高校校园文化建设的初衷,即培养全面发展的优秀人才,既要具备丰富的专业知识、精湛的专业技能,还要具备良好的道德品质、敏锐的政治洞察力、较高的政治觉悟、良好的政治意识,能够活学活用马克思主义。为此,必须将思想政治教育作为有力工具,提供强有力的政治指导和思想指南。总之,思想政治教育是进行校园文化建设的先决,以指明方向、确定基调、明确内容、高效引导、有力

规制,确保校园文化建设坚持社会主义的政治立场、价值观念,为培育"四有"新人提供有力保证,有力体现思想政治的教育指导作用。

2. 充分发挥思想政治教育的传播功能,促进校园文化的传承与发扬

进行校园文化传承是为了实现优秀校园文化的时代化发展,依据时代要求实现丰富与创新。而思想政治教育则是达成这一目的的重要手段。很多高校都将其校训置于显眼位置,如学校正门前,从而形成良好文化氛围,使学生受到相应教育,感受到其文化价值,提升他们的修养。除此之外,高校在各个年度均会组织一次大规模的运动会,以此激发学生的竞争意识、协作意识,培养他们的奋进精神,增进其综合素养,助力学生全面发展。通过多样性、丰富性的思想政治教育活动,可及时、高效传递校园文化精神,促进优秀校园文化的传承与弘扬。

从传播价值和范围来看,校园文化发展过程中,其传播是极为关键的一环,不仅有利于校园文化的进一步丰富与发展,而且能够持续增强校园文化的影响力。就范围而言,既可以是校内间的传播,也可以是校外传播,前者指的是不同高校组织的各种文体活动、学术交流、座谈及演讲等,以及课内实施的思想政治教育,从而实现对大学生的思想引导、文化熏陶,助力优秀校园文化在各校间的传播;后者指的是大学生通过社会实践实现校园文化在社会中的传播,其社会实践指的是将社会作为教育平台,高校与社会相关单位通过签订相关合同,组织学生开展有关专业、思想政治、拓展及公益等方面实践活动的一种教育形式。因此,大学生实践活动其实是将校园文化推向社会,同时以社会文化丰富发展校园文化的一个互动过程,前者指的是大学生以其理论知识参与社会活动,从而服务社会、奉献社会,并向社会展示学校的校园文化;后者指的是大学生提供社会文化中的有益成分,将其作为丰富发展校园文化的重要内容纳入其中。

3. 思想政治教育能够显著提升校园文化建设水平

高校通过教育引导和专业培养,为社会提供源源不断的优秀人才,同时,这些人才也会在工作和生活中践行、传播优秀校园文化;助力高校创新更多文化产品,促进其校园文化实现更为广泛的传播。实践证明,思想政治教育能够显著提升校园文化建设水平,一是以显性和隐性有机结合的方式,分别从"三观"、信念、道德等维度,对学校师生进行教育引导,从而使他们形成正确的思想情感,促进校园文化的丰富与发展;二是通过不断提升思想政治教育的实效性,助力校园文化建设的持续拓展。最近几年,国家更加重视大学生思想政治教育工作,整体而言,我国高校思想政治教育得到了巨大发展,取得了良好成效,施教者的知识储备、能力水平、道德素养等均得到显著提升,受教育者的主体意识明显增强,所学知识更为丰富,能力水平明显提高;同时,教育内容也得到及时更新,方法实现了时代化发展。这些都极大地助推了高校校园文化的发展。

对于高校而言,校园文化建设与思想政治教育均为其重要工作内容,两者既具有高度独立性、各自的独特性,又具有紧密相关性,形成深度影响、高度包容、积极互融、互益发展的关系。

第二节 校园文化在思想政治教育中的作用

一、校园文化的导向作用

大学作为为国家培养未来建设者和接班人的最高学府,其重要性是不言而喻的。大学除了要激发大学生的智力、扩展专业知识外,更重要的任务是育人。随着国际环境日益复杂,社会竞争日趋严峻,大学作为思想最为活跃的场所,多种意识形态、思潮汇聚在大学之中,有积极正确的,也有消极错误的,彼此交错在一起,相互影响。以大学为核心向社会辐射时代的先进文化和先进思想,能够发挥出较之于社会文化更为积极进取的创新性功能,成为一种具有教育导向性的社会。校园文化的思想政治教育功能中的导向作用可以传播主流意识形态,把大学生的思想引向正确、健康的方向,提升学生的政治素养和道德品质。

(一)导向作用引导政治方向

在社会快速发展、价值观趋向多元、各种思潮涌入的背景下,对于使主流思想占据主导地位,塑造师生的道德品质,提升师生的政治素养,校园文化的导向作用起到关键作用。导向作用主要在目标、政策、舆论三方面进行引导。目标方面,校园文化可以引导师生把致力于实现中华民族的伟大复兴作为人生的远大目标。政策方面,校园文化可以渗透出国家提出的政策方针,适时反映出国家的运行状态和发展走向,引导师生根据政策的走向,调整人生规划,达到更好地发展。舆论方面,高校对英雄事迹、道德模范的宣传和对恶性事件的严惩举措,双管齐下,从正反两方面规范师生的行为,起到激励和约束的双重作用。

(二)导向作用引导生活方向

校园文化的引导作用表现在高校生活的方方面面。高校领导的政治觉悟会影响教师和行政人员的做事准则,高校教师的教学素养会影响在校学生的学习观念,高校领导、在校教师、行政人员的政治素养最终都会传输给学生,校园文化会起到影响高校师生的三观,引领生活走向的导向作用。高校校园文化思想政治功能中的导向作用为校园文化建设指明了方向,大学校园的一切活动都以遵循正确的政治方向为前提。大学是人才输出的重要场所,当今社会需求的人不仅要有专业的知识,更对其具备的品质有更高的要求。既要有专业技能,同时要抱有爱国之心、具备优秀道德品质的人才是社会真正需要的,只有德才兼备的人才能担负起兴国安邦的重任。进入大学的学生来自不同的家庭,具有不同的文化背景、拥有不同的性格。大学是一座大熔炉,在大学的经历好比从丑小鸭蜕变成白天鹅的过程,他们用知识武装头脑,提高审美的品位情趣,确立奋斗目标,丰富人生经历。思想政治教育并不是人个性发展的桎梏,蜕变后的人拥有自己的个性,是独一无二的,但不可否认的共性就是拥有独立的人格和优秀的道德品质,这是校园文化思想政治功能中导向作用的最大成果。

二、校园文化的约束作用

随着经济全球化进程的发展,越来越多的外来文化随之而来,影响着国民的思想,高校更容易受到波及。良莠不齐的外来文化,多元的意识形态,层见叠出的思潮,同化着大学师生的价值取向。功利意识、享乐主义有加无已,文化审美随俗沉浮,这些现象的出现更加显现出思想政治教育的必要性。不同的国家奉行不同的体制,不同的体制实行不同的制度,不同的制度背后隐示的是不同的文化和精神。校园文化思想政治功能的约束作用可以帮助师生明晰人生观念、明确政治立场、规范自身行为。约束作用和导向作用相辅相成,树立远大的目标却没有具体的规范做指导,就不能完全发挥思想政治教育的功能。

校园文化中思想政治教育功能的约束作用是通过健康积极的校园环境使高校师生主动地规范自身行为,实现高校师生的自我发展和完善。约束作用起到的不是束缚个体发展作用,反而会推进高校师生的全面发展。高校师生的发展存在多种可能性,约束作用的目的不是复制出相同的人,而是为了规避人生发展中的消极错误方向,降低师生入歧途的概率,保障师生在正确的方向上发挥作用,达到个性的充分发展。高校中校训和校歌的创立,同样会在生活中规范师生自身行为,使思想政治教育规范化,从而形成优良的教风、学风。

无规矩不成方圆。不论国家还是社会,都需要具体明确的规则,生活在其中的公民都需要遵守,依赖良好的秩序,社会才能更好地发展。同理,高校确立具体的规则,对高校的日常运行十分必要,会辅助人道德品质的发展,对于完成大学的育人目标助益良多。高校中谨记校训、传唱校歌的举措,是以另一种形式来约束学生,当无形中的力量经过长久的熏染后,得到的效果会持久显著。适度的规则和约束也不会影响人自由而全面的发展,反而因为传达了正确的、科学的观念,使生活在其中的人可以遵循自然的规律、社会的准则、人际的规则更好地发展自己。

三、校园文化的陶冶激励作用

高校校园文化在陶冶心灵和塑造品格方面的作用是尤为重要的,主要分为物质陶冶和精神陶冶。思想政治教育功能中的陶冶作用是不可或缺的一部分。思想政治教育帮助人类遵循客观规律,顺应生存法则,与大自然和谐共处。但是人区别于动物的最大特点就是人类可以能动地改造世界。生存是人最基本的需求,也是一切物质文明建设的基础和前提。人虽然生活在物质世界之中,同时也生活在精神世界里。在满足了最基本的生存需求之后,出于人的主观能动性,人类更追逐于精神需求的满足。思想政治教育对人的精神世界进行引导,完善品格,促进精神世界的构建。同时精神世界又会反作用于物质世界,帮助人们改善生活方式,提高生活质量,二者相辅相成,互相影响。马克思曾说:"既然人的性格是由环境造成的,那就必须使环境合乎人性的环境。"校园文化的思想政治教育功能对学生陶冶于景、陶冶于心、陶冶于行。陶冶于景在于校园的环境建设、整体布局、历史底蕴、知名建筑都影响着学生,陶冶于心在于学校的校歌校训、学术风气、教学理念感染着学生,陶冶于行在于学校举办的专家论坛、科技展览、学术沙龙和层出不穷的校园活动都在陶冶着学生的品行。学生从小学起到高中结束,受到的思想政治教育都是单向的传统教学,相对枯燥,鲜有成效。大学教育可以突破这一弊端,使思想政治教育不再局限于课堂和单一的方式传授,可以融入校园文化建设中,多措并举。通过校园活动进行思想政治教育,使隐性的思想政治教育渗透于校园活动之中,形式多样,由浅入深地对学生进行潜移默化的影响,这是进行思想政治教育的有效渠道。这种熏陶并不局限于学生中,高校的教师、行政人员与学生共同生活在校园之中,都会默默受到校园文化的熏陶。

高校思想政治教育对广大师生渗透正确的价值观,树立共同的理想,使高校师生产生一种凝聚力,增强群体意识,激发学生的国家主体意识,使学生主动承担起国家未来接班人的重任,激励学生树立远大的目标并愿意为之付出努力。用需求激发积极性,需求越强烈积极性越高,物质需求和精神需求缺一不可,人们生活在物质世界中,对物质的需求是不能被忽略的,引导学生形成合理的物质观,理性地面对物质诱惑才是培育人的最佳方式,物质与精神是相互作用的,物质世界指导精神世界,同时精神世界也会反过来作用于物质世界,思想政治教育正是建立精神世界的催化剂。思想政治教育是经济工作和其他一切工作的生命线,思想政治教育直接作用于人的思想和精神领域,是建设先进文化的重要举措,任何时代、任何国家都需要思想政治教育,任何政党、任何组织都离不开思想政治教育。高校中设立奖励制度,对于好人好事,实行物质奖励和精神奖励双管齐下,激励人性中的善良因子,大量散发正能量,久而久之这种行为会变成一种习惯。大力传播校园生活中榜样的力量,同样会激励学生,见贤思齐,使学生积极主动地提升品德素养,规范言行,激发人性中的善,把心中的小善汇聚为大善,勿以善小而不为,报效祖国,回馈社会。不论是关系到民族大义的英雄事迹,还是琐碎生活中的道德模范都应该被更多的人知道,生活中的点滴更贴近生活,普通人都可以做到,在平凡的生活中享受精神上的不平凡。上述方式各有特点,都可以激励学生,同时进行更是相得益彰,效果显著。

第三节 校园文化应用于高校思想政治教育实践

一、充分发挥校园文化在高校思想政治教育中的作用的原则

任何一种文化形态的形成、发展都需遵循一定的原则,高校校园文化建设也不例外。

若要充分发挥校园文化在高校思想政治教育中的积极作用,就必须探索出一套原则体系,并在其体系范围内进行校园文化建设,唯有此才能达到预想的结果。

(一)坚持校园"硬件"建设与校园"软件"建设相结合的原则

校园文化建设不仅需要必要的"硬件"支持,还需要大力进行软件建设,共同打造出富有时代内涵的校园文化体系。通常来说,校园文化的"硬件"主要包括看得见、摸得着的设施、设备、组织体系等,如校园绿化布局、相关文化设施及社团组织等。而校园文化的"软件"主要是指精神层面的内容,包括学术氛围、师资素质、文化心理等内容。校园"硬件"与"软件"都是校园文化建设的重要内容,两者融入整个校园氛围中,以潜在的方式无时无刻影响着大学生的思想,贯穿于大学生思想政治教育的整个过程,帮助大学生树立正确的思想观念和价值取向。实际上,良好的校园"硬件"与"软件"缺一不可,对于促进高校文化发展具有引擎动力的作用,亦是大学生思想政治教育必不可少的助力剂,助推大学生树立正确的思想政治观念,形成良好的思想品德素质。所以说,要利用校园文化来开展思想政治教育,必须要加强校园"硬件"和"软件"的共同建设,实现两者的协同促进效应。高校要根据内外部环境,结合学校实际情况,大力进行优势资源开发,不断夯实基础设施,但是也要注意校园"硬件"与"软件"的协同发展,不能重"硬件"轻"软件"。

(二)坚持繁荣文化活动与克服反文化现象并举的原则

文化活动是实现校园文化传承与发展的重要方式,也是校园文化精神的外显。因此,高校要大力开展校园文化活动,引导师生进行文化创作和文化展示,同时根据大学生的发展特点和诉求,有针对性地开展一些富含文化内涵,又不乏趣味性的文化活动,让大学生在文化的海洋遨游,以文化活动为媒介促进大学生文化素养的提升。特别是针对校园文化抽象性的特点及大学生对新奇事物的好奇心,学校要积极进行文化活动创新,以创新的文化活动形式、内容,采用寓教于乐的方式,对校园文化的内核进行剥离和展示,在这个过程中提升大学生的思想政治意识,强化其责任感,增强大学生的文化自信。与此同时,面对移动互联网时代的碎片化信息的唾手可得但又真假难辨的现状,高校要注重克服反文化现象,通过积极的引导减少负面思想和不良信息对大学生的影响,帮助大学生树立正确的思想政治理念,为大学生的成长创造良好的文化氛围,实现大学生的全面发展。

(三)坚持弘扬中华优秀传统文化与尊重文化多样性相统一的原则

高校是我国优秀传统文化传承与发展的重要场所,高校校园文化根植于优秀传统文化,脱离我国优秀传统文化的大框架来讨论校园文化意义不大。我国优秀传统文化蕴含着我国几千年来发展的智慧和民族精神,现代社会文化建设中很多内容都是来自我国优秀传统文化的传承与创新,因此要注重弘扬优秀传统文化。具体到高校思想政治教育中,要将优秀传统文化的精华,特别是展现民族精神、爱国精神的内容纳入思想政治教育体系,以文化故事、文化名人、文化著作等形式进行优秀传统文化的传播,促进大学生思想政治素质的提升。其中,优秀传统文化中展现的思想政治精神对于校园文化建设和思想政治建设都具有重要的价值,如"以家为家,以乡为乡,以国为国,以天下为天下"的爱国精神,"己所不欲,勿施于人"的仁爱精神等。因此,在新时代背景下,我们要大力挖掘优秀传统文化所蕴含的精神内核,赋予优秀传统文化以新的内涵,实现优秀传统文化传承的同时,实现校园文化的进一步发展。

在经济全球化背景下的移动互联网时代,不同思想、文化发生了剧烈的碰撞,不同的价值观和思想观念层出不穷,这一方面加大了大学生辨别优秀文化的难度,另一方面也有利于不同文化的融合发展。高校是一个尊重思想、文化多样性的场所,正所谓"独立之思想,自由之人格",这是高校的办学理念之一。因此在文化建设中要尊重文化的多元化发展,要在兼容并包理念的引导下,积极吸收其他优秀文化成果,用多样化的文化成果来丰富校园文化内容,实现校园文化建设的可持续发展。

二、以高校校园文化推动思想政治教育的实践路径

思想政治教育、校园文化建设和高校整体建设的关系环环相扣,高校实现教人、育人目标的有效手段就是进行思想政治教育。如何发挥校园文化建设中思想政治教育的最大功效,直接影响了高校教化育人目标的完成程度。校园文化中的思想政治教育具有时效性、针对性、具体性的特点,利用校园文化建设中思想政治教育的特点可以更好地完成高校育人的目标。

(一)整合校园文化资源推动高校思想政治教育建设

校园文化广泛地分布在高校的各个位置及高校运转的各个环节,可以说校园文化无所不在。而很多校园文化资源则分散地布局在不同的位置,这不利于校园文化的发展,也不利于校园文化对大学生思想政治意识提升的实现。因此,要加强对校园文化资源的整合,形成系统性、导向性的校园文化资源体系,从而助力思想政治教育建设。下面从管理资源和文化课资源整合两方面来阐述文化资源整合对思想政治教育建设的推动作用。

1.要大力开展管理者资源整合,以确保校园文化建设的方向性

高校校园文化建设的核心目标在于对办学理念的宣扬,对学生思想政治观念的培养,以培育出符合时代发展和满足社会发展需求的人才。

(1)高校文化建设的管理部门具有决策权,决定了校园文化建设的方向,以及具体的"硬件"和"软件"建设实施。而高校党组织也是校园文化建设的中坚力量,确保文化建设在正确的道路上前进。高校党组织不仅对文化建设具有导向作用,而且对基层组织具有引领的职责,而党组织引领下的共青团也在党的带领下,积极协助校园文化建设。党组织和共青团共同引导与推动校园文化建设,能确保校园文化建设的方向,将马克思主义、邓小平理论、毛泽东思想、社会主义核心价值观和习近平新时代中国特色社会主义等

内容融入校园文化建设,保持校园文化方向的正确性和内容的先进性。

(2)校园文化建设的管理者对于校园文化的导向性和建设水平有着重要的影响。管理者是否有正确的文化建设理念,决定了文化建设的方向是否正确;管理者文化建设水平的高低,决定了校园文化建设的程度。因此,积极进行文化建设管理者的培养、培训,加强管理者思想理念的提升和实践能力的提升,是推进校园文化建设的必经之路。

(3)要大力开展高校思想政治教学部门与文化建设管理部门整合,集中优势资源促进文化建设。教学部门具备丰富的教师资源,对于思想政治理论和文化建设的研究较为深入,但是往往不具备文化建设的实践经验。而与此同时,管理部门具备丰富的文化建设实践经验,但他们往往没有系统的思想政治教育理论作为支撑。因此,要充分利用两个部门的优势,采用岗位调动、轮岗、专业顾问和兼职等形式吸纳具有丰富理论知识的教师参与到文化建设中来,实现文化建设的优势互补,既有利于理论指导下的文化管理工作向正确的方向发展,又有利于教师理论教学的实践性,从而促进校园文化建设质量的提升。

2.要积极开展思想政治理论课整合

思想政治教育是一项系统的工程,而理论课是思想政治教育的核心内容,对于培养学生的思想政治意识、树立正确的思想政治观念、掌握丰富的思想政治知识具有重要的价值。然而,就现状来看,部分高校思想政治理论课教学存在一些问题,集中体现在重理论而轻实践,理论教学与学生的生活实践脱节,导致学生无法认识到思想政治教育的重要性,而教师单纯的灌输式教育只会让学生产生厌倦和逆反心理,导致理论课教学效果不佳。因此,开展理论课资源整合,进行教学资源、教学内容和教学模式的革新,具有重要的意义。

(1)要加强顶层设计,革新教学观念。理论课教师要树立理论与实践并重的教学理念,避免教学中重视理论教学,忽视课程实践的问题。将理论教学与学生的实际生活结合起来,加大实践教学力度,实现理论与实践的共同发展。

(2)要革新教学方法。采用创设情境、案例分析、小组合作和实地调研等教学方法,激发学生的主观能动性,提升学习效果。

(3)要深入挖掘理论课与学生实际生活链接的"触点",丰富教学内容。教师要根据学生的发展需求和兴趣特点,积极进行教学内容设计,将抽象的理论与具象的事物联系起来,提升学习效果。例如,理论课教师可以将课程与名人故事、时事政治、生产生活实践的内容融入课程教学中。特别是教师要结合地域特色文化,将理论课程与当地文化融合起来,例如,富有文化底蕴的建筑、当地英雄事迹等,形成内容丰富的教学内容,给学生理论就在生活中的学习体验。

(4)要顺应移动互联网时代发展趋势,积极利用互联网开展理论课教学,提升教学效率。高校要建立课程思想政治网络教学平台。视频、图片、PPT等新媒体工具有助于吸引学生的注意力,而且网络教学平台打破了传统课堂教学时间、空间上的限制,学生可以随时随地地进行学习。同时,互联网的交互性和即时性的特点为师生高效互动提供了有利的条件,有助于及时解决学生的疑问和困惑,从而及时解决问题。

(二)以社团组织为载体构建思想政治教育建设新格局

学生社团是高校开展文化活动的主要组织者和实施者,因此通过社团组织来进行思想政治教育建设、创新具有重要的价值,可以提升思想政治教育的针对性和实践性,提升高校文化活动的内涵。

1. 要依托学生社团强化马克思主义理论与实践传播活动

马克思主义是经过时间检验和实践检验的先进思想理论,也是我党的指导思想,是社会主义核心价值观的理论依据。我国是社会主义国家,是马克思主义的忠实践行者,更是马克思主义的发展者。我国的发展经验表明,马克思主义是适合我国发展的先进理论,以马克思主义为基础,我国发展出毛泽东思想、邓小平理论和"三个代表"重要思想等珍贵的思想理论体系,指导着我国社会的发展方向。思想政治教育不仅是提升学生思想政治素养的重要方式,更是我国宣扬主流思想的核心阵地,因此思想政治教育与马克思主义不可分割,马克思主义引领着思想政治教育的方向,决定了思想政治教育的效率,因此进行马克思主义教育具有重要的价值。

在经济全球化背景下,我国的物质经济和人民的生活水平都获得了很大提高,但与此同时全球化的发展加上互联网时代信息容量和传播速度的增加,每个人都是媒体中心,信息由个人向社会化发展的通道被打开,这就造成网络信息在量上的几何增长和在质上的参差不齐,各类信息充斥着公众的眼球,真假难辨。网络上虚假、带有蛊惑性的信息会毒害思想,因此有必要提高学生的辨别能力,引导学生深入学习健康的信息。

依托学生社团进行马克思主义传播要从内容上、方法上和形式上全面推进。

(1)马克思主义理论具有抽象性的特点,学生在理解上存在较大难度。单纯的课堂理论教学不易于学生理解和吸收核心知识点,也造成学生对理论学习的兴趣不高。实际上,马克思主义是鲜活的、实践的、发展中的理论,对理论的学习必须建立在深刻理解的基础上,而不是机械地死记硬背,这与马克思主义思想是背道而驰的。学生社团在开展文化活动中,以贴近生活、贴近实际、贴近实践的活动内容,有助于学生从具象的文化活动中对抽象的理论有进一步的认知。

(2)在课程思想政治背景下,马克思主义教学要打破仅仅依靠理论课程教学的状况,实现全程、全方位、全员的马克思主义理论传播。因此,通过学生社团开展文化活动来传播马克思主义,既能把握文化活动的方向性,又能增强思想政治教育的实践性,推动马克思主义的高效传播,实现三全育人教育理念。在移动互联网背景下,各种新媒体技术层出不穷,这为高校文化活动和马克思主义传播提供了新的工具和教学形式,有利于理论的传播和发展。

(3)马克思主义教育需要根据时代发展和内外部环境变化,不断进行创新。马克思主义是发展的理论,强调"唯一不变的是变化",因此高校在推进马克思主义教育的过程中也要以动态的眼光去开展传播工作,而教师也要更新思想观念,推动高校文化活动的创新,避免教条主义的错误。

2. 要依托学生社团进行爱国主义教育活动

爱国主义教育是我国思想政治教育的核心内容,也是培育学生民族精神的重要方式,有利于社会主义核心价值体系的传播和深入人心。在高校进行爱国主义教育活动的核心目标是提升学生的爱国情怀,培养出具有正确价值观的人才。高校要依托学生社团丰富爱国主义教育的内容、形式,切实提升大学生的家国情怀,实现高校师生的文化自信。改革开放政策推动下,我国综合国力和国际地位都有了很大的增强,"走出去,引进来"的对外开放政策将不同的思想体系和价值理念带入国内,同时,移动互联网与新媒体技术的高速发展,各类信息层出不穷,但又真假难辨,而高校是各类文化的集聚地和思想的交流地,大学生正处于价值观的成熟阶段,很多大学生还缺乏全面的辨别能力。因此,引导学生增强信息辨别能力,树立正确的价值观念是当下急需解决的事情。基于以上问题,高校要坚定不移地开展爱国主义教育。

要推进爱国主义教育,具体做法如下。

(1)进行教育内容的创新

将爱国主义教育与国家发展历程、党的发展史、当下国际形势、学生实际生活结合起来,建立内容丰富的爱国主义教学体系。在中华民族悠久的发展历程中,一直十分强调爱国主义教育和民族精神的培育,然而在不同的历史阶段,爱国主义的教育要求具有一定的差异性。因此高校开展爱国主义教育要根据国内外环境的变化,建立符合时代发展趋势的爱国主义教育内容体系。在爱国主义教育中,要从历史中挖掘教育资源,对学生开展历史教育,培养学生对民族的认同感和自豪感。在中华民族的发展进程中,中华文明多次推动社会的进步,彰显了中华民族的智慧。然而发展中也遭遇过很多困境和挫折,特别是我国近现代一百年的历史就是中华民族的苦难史。爱国主义教育中要让学生铭记这段历史,了解革命先贤为了中华民族而奋斗的历史事迹,增强大学生对党和国家的了解与认同,展现中华民族在危机中的韧性,提升大学生的民族自信心。

(2)进行教育方式的创新

内容创新是形式创新的保证,在建立丰富的爱国主义教育内容体系的基础上,高校要着力进行教育方式的创新。课堂教育虽然不能是爱国主义教育的全部形式,但是也是爱国主义教育不可或缺的渠道。因此,高校教师要积极拓展爱国主义教育方式,不仅从思想政治教育的角度,而且要引入中华民族发展史、传统文化、社会经济等多方面开展教学活动,在丰富教学内容的同时以交叉式教学的形式进行爱国主义教育。同时,爱国主义教育不能空谈理论,这会使爱国主义教育变得空洞,降低学生的积极性,要把爱国主义教育与生活实践结合起来,提高爱国主义教育的实践性。此外,要充分利用特殊日期节点进行爱国主义教育和宣传,如国庆节、建军节、"七七"事变纪念日等,以高校文化活动为载体,实现特殊日期氛围与学生思想上的共鸣,提升爱国主义教育效果。高校教师要大力推进课外活动和社会实践活动,组织学生参观历史纪念馆,共同学习民族英雄事迹,邀请现代先进个人到高校进行专题讲座和面对面交流,实现爱国主义教育第一课堂和第二课堂的有效衔接,提升教育效果。在移动互联网时代,关注网络舆情并做好舆情控制、引导,对爱国主义教育意义重大。高校要充分利用互联网的优势,搭建网络平台开展爱国主义教育,既避免了网络上负面信息对大学生的侵害,又能提升学生的家国情怀和民族精神。

3. 要依托学生社团进行素质教育活动

思想政治素质是素质教育的重要内容,坚定的信念和政治观是现代综合性人才的重要内容,对个人发展具有导向性的作用,决定了个人是否在正确的方向上前进。高校思想政治教育的主体是大学生,其根本性目标还是促进大学生的全面发展,因此思想政治教育要以学生为本,在学生发展观视域下开展思想政治教育。高校学生只有树立坚定的信念,对党和国家高度认可,才能在心理和行动上支持党和国家的方针政策,从而在生活和学习中贯彻社会主义核心价值体系,为我国现代化建设添砖加瓦,与国家发展同向而行。将我国的利益放在第一位,将国家兴盛和民族复兴放在第一位,在踏入社会后以国家价值和社会价值为价值判断标准,这有利于学生在竞争激烈的社会环境下保持良好的心态,通过对国家价值、社会价值的实现来实现个人价值。在坚定大学生思想信念的同时,培育大学生的核心素质亦至关重要。素质是隐含在大学生身上的个人品质,其形成需要较长时间的培育,而素质形成后亦具有一定的稳定性,不容易消失,个人素质在很大程度上决定了个人的思维方式和处事态度。按素质的性质分,素质可分为思想素质、政治素质、心理素质、身体素质、审美素质等。思想素质和政治素质对人生的发展具有方向性的指引功能,可以说在很大程度上影响了人一生的成就和价值体现。思想素质和政治素质较高的人才会拥有较为高尚的品格,具有强烈的家国强怀和社会责任感。因此,高校教育中不能将重心放在知识传授上,而是要注重大学生思想素质和政治素质的培育。若大学生具有精湛的专业技能,但是思想政治素质不佳,在工作实践中可能会对社会造成危害。只有具备较高的思想政治素质,才能将专业知识和技能放在国家价值与社会价值实现上,抵御外来诱惑,提升个人精神品质,实现国家价值、社会价值和个人价值的统一。

那么,要怎样开展有效的素质教育活动呢?

(1)要完善顶层设计,树立以素质教育为核心,以学生全面发展为目标的思想理念。要革新传统高校教育中重知识传授,轻素质培育的教学观念,增加学生在校园学习、生活中的过程作为学生评估的重要维度,对学生进行全面考评。

(2)要重点培育学生的创新精神和自主发展意识。创新是时代的主题,特别是在信息时代各类信息层出不穷,科技的更新速度快,更是对创新提出了要求。大学生是国家发展的后备力量,影响着国家未来的发展,因此要培育大学生的创新精神。值得一提的是,创新要以扎实的基础知识作为保障,高校要在此基础上进行创新教育。良好的创新环境离不开教育管理的革新,高校要建立以学生为本的教育管理体系,在学生主体观视域下进行教育管理,鼓励学生进行自治管理探索,激发学生的创新意识,也为学生创新奠定良好的环境氛围。

（3）要重视素质评估，一方面高校要把学生素质培育纳入教师考核体系，另一方面要构建全面的学生素质评估体系。根据素质的性质对素质进行分类评估，找到学生素质发展的短板，以开展个性化素质提升活动。

第六章　网络文化与高校思想政治教育

随着电子网络的快速发展和全面普及,人与人之间的信息交流变得更加快捷和高效,互联网已成为人们生活与工作的重要组成部分,深刻地影响着当今社会的政治、经济、文化、价值观及生活方式等。很多学者将人类借助网络传播建立起来的新的群体行为与生活方式叫作"网络文化"。人们生活的许多领域和层次都受到网络文化的影响,并且网络文化对青少年思想道德品质的影响也特别大,其中大学生群体因为思想活跃,对新生事物的接受能力较强,出生和成长在互联网时代,是深受网络文化影响的一大群体。某种意义上而言,如今的高等院校是我国社会网络化发展的重要力量,大学生的行为方式、价值观、心理发展及道德法治观念等都将不可避免地受到互联网的影响。

第一节　网络文化概述

文化作为人们在社会生活中形成的共同认识、理念和思想,遵循着一定的规则、规范和秩序。当时代环境发生了巨大改变,文化也不可避免地会随之发生变化。网络文化的产生,源于计算机网络的出现和普及。随着网络信息技术遍布全球的每一个角落、领域和行业,信息化、网络化已成为 21 世纪的主要时代标志,正在激烈地冲击和改善着人们现有的生活方式。作为一种必然的趋势和潮流,网络文化已经成为当今文化体系中最重要的组成部分,对新时期高校思想政治教育的创新和发展带来了深远影响。

一、网络的概念及特征

(一)网络的概念

从不同的研究与考察角度出发,得出的网络的定义也存在差别。在界定"网络"的定义时,有的学者从工具论的角度来描述"网络"的定义,认为网络实质上是一个电子信息交互系统,包含了通信网络、计算机、数据库与日用电子产品;有的学者以透视网络与人的本质的角度来描述"网络"的定义,他认为网络属于全新的社会文化生活空间,网络的出现对人类经济与社会生活产生了深远影响。

第一种定义对网络的构成进行了重点描述,将网络视为通信技术与媒介,但未对网络的本质进行描述,也未体现网络与人类社会之间的本质关系。如今在人们的日常生活中,网络已成为不可或缺的重要组成部分。第二种定义则从网络世界的角度对社会现实生活进行审视,将网络界定为一种全新的社会文化与生活空间。网络不仅是一种工具,而且也是一种空间;网络是实际存在的,但同时也具有虚拟性。在这两种属性的叠加下,人们可在现实和虚拟的双重生活空间中自由切换。

经过多年研究和发展,根据网络自身具有的属性,以下这种关于网络的定义得到大部分人的认可,即网络指的是在通信线路与设备的连接下,处于不同地理位置与功能独立的计算机系统被人们连接在一起,在网络通信协议与网络操作系统等特定功能网络软件的帮助下,实现数据传输功能的一个系统,依托该系统,人们能够相互操作、共同分享资源和提高工作的协同效率。

(二)网络的特征

网络的特征非常明显,主要体现在以下几方面。

1. 平等性

在网络平台中,不论来自何方,人们的身份、地位都是平等的,不同的用户主体通过不同的网络符号,以平等的地位在网络平台上存在和交流。相比现实生活,人们在网络平台上的行为与语言表达比较自由,因此网络空间的一大重要特征就是平等性。

2. 开放性

人们的民族、从事的职业与所在的区域不一样,导致人们发布与获取信息的途径也各不相同。网络是一个开放的空间,人与人之间的距离、时间与空间的距离逐渐被打破,通过网址人们能方便地浏览各种内容和信息,在此过程中人们不会因为生活在不同的国家和地区而受到制约。基于开放的网络平台,人们能够以平等的身份与其他网络用户进行互联和沟通。

3. 形象性

网络的形象性指的是网络属于"第四媒体",同时具有报纸和杂志、广播与电视等传统媒体的优势。网络用户在计算机、移动电话等终端上同时打开多个窗口都是可以的,能够做到同时欣赏音乐、浏览新闻与写作,能够轻松享受多媒体技术带来的乐趣。多媒体网络所创造的感知环境能够为人们带来视觉与听觉盛宴,人们的感觉器官能够被同时打开,人们感知事物的能力也得到显著提升,并且认识现实世界的深度与广度也进一步扩大。

4. 快捷性

能够在短时间内迅速传播信息是网络的一大优势,相较于报纸、杂志、广播、电视等传统媒介,网络能够以高效、快捷地完成信息传播,将信息及时传播给人们。只要信息真实存在,即便是刚刚发生的事情,便将有大量的信息出现在网络平台上。只要通过鼠标或键盘,网络用户就能在众多网页之间快速地浏览信息。近些年,随着移动终端及新媒体的发展,GPRS、5G、Wi-Fi等构成了网络立体、无缝式覆盖,更将快捷性转变为便捷性和即时性。

5. 丰富性

网络发布信息的方式是超链接,因此能够采取数字化手段压缩海量的信息和内容,不但能够扩大信息容量,而且不会轻易过滤信息,能够最大限度地保存原始信息,从而保证信息的全面性、丰富性和客观性。从某种程度上而言,网络好比一个信息海洋。根据相关统计数据,网络资源库如今已向人们提供了超过100亿条的信息,信息的内容丰富,涉及面非常广泛,涵盖政治、经济、科教、文化、军事等多个领域。网络用户可浏览和查阅的信息是海量的,这对拓宽网络用户的视野,丰富他们的文化生活具有积极的作用。

6. 交互性

交互性是网络作为新传媒具有的一大显著特征。人们可以根据自己的意愿和喜好选择接收什么样的信息,可以是对自己有用的信息,或者向信息发布主体反馈自己不认可的信息。这样,信息发布主体就能及时获得信息反馈,保证信息能够及时交互,进一步完善信息内容,以帮助人们进一步提高沟通效率。

7. 虚拟性

文字、声音与图像是网络存在的主要形式,键盘是操作所有网络行为的载体,通过计算机、移动电话等终端人们能够与全球的网络用户进行联络和沟通。网络平台上,行为主体的真实身份具有较强的隐蔽性,不容易被其他人发现,因此网络用户在网络空间是隐身的,一组代码或一个角色符号就是用户在网络空间中的身份。由于网络空间是虚拟的,这有利于节约社会资源,同时人们的活动与交往空间也变得更加宽广。

二、网络文化的概念及特征

(一) 网络文化的概念

网络文化是全新的文化形式之一,是信息技术发展的产物。研究网络文化相关产业离不开对网络文化的研究。整体来看,有关网络文化的概念有狭义和广义之分,其中狭义的网络文化指的是依托计算机互联网第四媒体开展的宣传、教育和娱乐等类型多样的文化活动;广义的网络文化指的是以计算机工作工具所开展的政治、经济、文化及军事活动等。分析总结发现,学者们描述的网络文化的概念共有两个层次:第一个层次为建立在网络文化之上的"数字化"形态。现代高速发展的信息技术是网络文化产生的重要因素,借助大量的网络字符,网络文化得以存在于广阔的网络空间。第二个层次是借助多种全新的网络通信技术,尤其是多媒体技术发挥了极为重要的作用。随着网络全面采用多媒体技术,从而催生了全新的网络文化。

人类是文化的主体与客体,只有人类不断发挥自己的创造力,才能形成一定的文化,文化才能不断发展进步。本书认为网络文化本质上是人们通过网络开展的生活、工作、娱乐而形成的特殊的文化,现代社会高速发展的信息通信技术是催生网络文化的重要力量,同时随着信息数字化水平不断提高,网络文化也变得更加丰富。

（二）网络文化的基本特征

1. 网络文化是补偿性文化

由于互联网具有开放、平等与虚拟等多种特征，网络用户能够通过互联网平台自由发表言论，从而获得他人的认同，这样人们就能获得极大的成就感。通过网络空间人们能够自由、畅快地发表言论，表明自己的立场和态度，此种机会在平时生活中很难轻易得到。人们日常生活中的空缺通过互联网得到了满足，因此补偿性是网络文化的一大显著特征。

通过网络平台人们可以自由发表自己的观点和看法，可以发表与众不同的言论，或者发泄自己对现实社会的不满。由于现实生活中找不到恰当的方式发泄自己的情绪，这是导致网络平台上出现道德问题的主要原因。借助网络平台，用户能够将日常生活中的烦恼、面临的生活与工作压力等发泄出来，并且能得到许多网络用户的共鸣。因此网络能够提供一个良好的渠道，满足人们的利益诉求和发泄情绪的需要，这为创造和谐社会做出了重大贡献。此外，人们通过网络平台就社会生活的方方面面提出自己的见解，无须考虑其他人的看法，每个人都能自由发表自己的观点，这为拓宽信息收集渠道提供了帮助。有关部门通过网络渠道收集来自广大人民群众的最真实的心声，帮助相关部门科学决策，从而全面贯彻"以人为本"的思想。

2. 网络文化是极端性文化

自古以来，中华民族便具有浓厚的集体意识和共同协作的观念。因为互联网具有开放、交互的特征，因此大量用户聚集在互联网平台上，针对某个话题发表各自的观点。由于"先入为主"的观念深入人心，许多人都存在明显的从众心理，为了自己的看法和见解能够独树一帜，在人为因素的作用下，原来的观点有可能走向极端，而后来加入的个体与之前群体对观点的解读将存在明显差异，从而出现群体极化效应。

在互联网中，许多相互独立的个体被连接起来，许多微小的个体通过网络聚集在一起，成为不可忽视的力量。在快速聚集的基础上，个人力量的影响力明显提升。

个体有善就有恶。各个地区的社会现象无法借助传统媒体系统地传播到各个领域，但是因网络本身具备的快捷特征，让有关部门能够良好地梳理和总结社会上的各种现象。又因网络文化本身具备的极端特征，能够将善与恶放大到极限，让人们开始关注日常生活中忽略掉的事情。但是经网络夸张化处理的事情，人们就无法真实、客观地了解事物本身，无法制定出科学合理且正确的处理问题的方案。

3. 网络文化是大众性文化

网络文化所探讨的并不局限于个别群体或者高素质个体，而是在其产生后就归属于大众所有。大众的网络文化，必须是通俗易懂的，这样大众才能够理解并接受，这也是人们常说的"草根"文化。此种文化能够将各个阶层和各个领域的民众集中在一起，并通过他们自身的知识和文化来表达出不同的观点。由于文化和经历不同，观点也随之不同且十分新颖，有易传播和广泛应用的基础。举例来说，近年来在网络上迅速传播的短视频，为一些网络主播创造了机遇,但是部分专业人士将其以低俗文化看待。然而只要大众乐于接受,就必定有其特殊的吸引力,因为大众是组成民族的基础,人们接受并喜欢的东西,就必定能够经受考验。

网络文化大众性特征,让其成为增加人类智慧的重要方式。借助网络来打造社会神经架构,逐步将低智商向高智商转移,将个人之间分离的智慧向高层次的国家和人民的智慧转移。其中代表性较强的例子,如能够"聚小溪为大海"的维基百科,每个人都可以成为编撰百科全书的一员,将自己的知识贡献出来。目前,维基百科收录的词条数量已经有5 300万条,达到了大英百科的数百万倍,并且有着丰富且深刻的内容。

如今,科技和人才一直是各个国家竞争的重点,科技先进程度和人才素质的高低,可以用于评估一个国家民族文化的先进程度。对此进行深究,国家是否具有竞争力,最核心的决定因素就是文化。网络文化有了大众的积极参与,能够在诸多方面产生积极作用,包括弘扬文化和推进社会主义强国现代化建设等,这也是传统媒体无法替代的。

第二节 网络文化对高校思想政治教育的影响

高校是先进思想文化的创造源,是科学和学术的集散地,高校网络文化凝聚着师生的智慧和创新。同时,网络文化消费和生产的共时性,又深刻地影响着师生的价值取向、生活方式、思维方式等。

一、网络文化给高校思想政治教育工作带来的机遇

网络影响范围大且传播速度快,整个历史上没有可以与其比较的。高校是培育和发展科技的主要阵地,理所当然地成了网络文化影响的第一站。值得庆幸的是,网络让很多不足和缺陷得以填补,也能够为高校思想政治教育发展助力。

(一)拓展教育空间、充实教育内容

一直以来,我国采用课堂模式传授思想政治学,依赖于黑板、教师和书,以指令式将课本知识灌输到学生头脑中。然而此种模式却有诸多劣势,比如趣味性低和无法引起学生学习的积极性等,那么也就没有办法得到良好的教育效果。网络能够让教育空间范围扩大,让人们之间的距离逐步缩短。人们借助键盘便能够交流,一方面教育双方能够不受身份和包袱的影响,说自己想说的;另一方面能够让双方就教育进行互动,此种交互式远程教育为思想政治教育创造了空间、扩大了教育范围并增加了传播途径,各个学校甚至是各个国家都能够利用网络进行资源共享,能够让思想政治教育视野和资源更加完善。

网络将家庭、社会和学校力量聚集在一起并增加了相互之间的互动性,以高校为代表的社会组织已经开始广泛使用网络。学生在网络上能够将自己想说的话和想表达的

意见表示出来,讨论社会上广泛关注的话题。对多样化的网络渠道进行利用,能够让家长和教师实时了解学生学习情况、最近的行为习惯及思想动态。了解此类情况后便能够让教育更有针对性和实效性,不再是在不了解情况下的一刀切。部分高校已经创办了校内外连接渠道,让家长能够借助通道了解校园文化。同时此通道中还设置了家长与教师的沟通平台,相互之间能够进行思想交流。校园网还能直接连接事业单位、政府机关和其他组织,一方面能够获得社会最大力度的支持,另一方面能够让学生走出校门后快速适应社会做准备,有更加成熟和稳重的思想,融入社会中。此外,高校思想政治教育也需要社会各界的积极参与,发挥协同作用。

网络文化不受时间和地域的限制,能够将人类信息迅速传播开来,覆盖全球各个角落。网络信息具有多种优势特征,包括共享、即时更新和海量等,能够为学习者提供极大的便利性。同时,网络资源涉及各个领域,能够深入地了解各种信息。人们常说的不懂就百度,不难看出社会大众已经认可了网络信息的能力,又因操作简单,便成了人们热爱的对象。网络能够快速将权威和最新的理论知识收集起来,并应用到各个领域中,学者们不受时间和空间的限制进行交流,在丰富教育内容的同时,还能够进一步提升思想政治教育讨论价值。

(二)提供新的教育模式

从开始展开各大种类的思想教育到现在,均形成了不同且独特的模式。然而不管怎么变化,宗旨始终不变,说教式教育始终是传统教育模式的主要方式,被教育者处于被动地位被灌输知识。大部分教育是纯说教式,学生对此并不乐意接受,但是无法改变。科技发展在一定程度上改变了思想政治教育模式,形成了比较完整的工作体系。目前思想政治教育比较完整且各部分分工比较明确,但是最终达到的思想政治教育与预期始终存在一定距离,主要原因在于人们已经十分厌倦此类纯说教式教育,无法对其有足够的热情。

传统思想政治教育在特定时间和特定环境下发挥的作用是不可否认的。进入网络时代之后,人们日常生活的各个角落都被网络渗透,高校思想政治教育已经不能再沿用传统教育模式,网络也因此成了大学生日常生活不可或缺的一种工具。对网络多媒体教学进行合理利用,能够让感染力和渲染力大幅增长,此方式还能够做到图文并茂和动静结合,让被教育者处于良好的氛围中接受此类包含人生观和价值观的知识,能够积极主动地探索知识,大幅提升教育效果。此外,教育双方借助网络渠道沟通有关社会、生活和教学等相关知识,表达自己的观点,相互探讨和交流。被教育者在教育中不再处于被动地位,而是积极主动地去探索知识,将学习与娱乐融合在一起,进而将思想政治知识融入思想中。大学生自由平等的理念和自我实现价值的思想,通过网络得以满足,使大学生能够自由发展。网络发展让传统思想政治教育模式得以改变,极大地增加了思想政治教育的影响力。

(三)提高教育工作的效率

无论开展何种形式的思想政治教育活动,最终目的都是为了提升教育成效。然而为了达到良好的教育效果,必须保证思想政治教育每一个环节都能高效完成,否则教育部门将难以形成合力,导致分工合作效率大打折扣。如今人们的工作与生活与互联网息息相关,为了提高思想政治教育需要的信息搜索、归纳、整理、分析与管理效率,需要以强大的信息系统作为支撑,从而确保各项工作高效开展。目前,只有掌握了网络信息核心技术,并且获得海量信息的高校,才能顺利开展思想政治教育工作。以大量的教育信息作为基础,便于教育者花费少量时间便能搜索到自己所需的教育信息,在综合分析比较的情况下,再筛选出有效信息。在教育过程中采用这些信息,这是高效开展思想政治教育工作的重要保障。

大学生正处于青春期,正是价值观形成的关键时期,他们必定会有极大的思想波动,对待一些事情无法拿定主意,此种情况必定会对教育过程产生影响,进而降低教学质量。因此,教育者要让高校思想政治教育达到预期效果,在改变教育方式的同时,还需要对被教育的情绪和思想变化进行了解,因为被教育者只有稳定的思想状态和信念,才能够与教育者配合,并更加准确地理解和接受知识。此外,网络教育本身优势较多,包括交互、形象和便捷等,在降低教育成本的同时,还能够大幅提高教学质量。此种教育模式方便快捷,能够为思想政治教育创造良好的氛围,教育双方借助网络进行意见交流,教师结合此阶段学生面临的难题进行针对性的解决,也就是有针对性地进行引导,让大学生能够形成正确的价值观。

能够快速筛选和传播信息是网络多媒体教育的显著特征,所以信息可以得到高效利用。信息可以突破时间与空间的限制进行快速传播,为所有受教育者及时传送他们需要的信息。高校经过层层筛选和把关,能够保证信息内容的准确性,使其可以在可靠、安全的环境下进行传播。对信息的利用和控制水平在很大程度上决定了高校教育工作的效率。

(四)有利于实现高校思想政治教育方法的现代化

得益于不断发展创新的互联网技术,我国高校思想政治教育逐渐告别了过去枯燥乏味的教育方式,转而采取形象、生动和具有吸引力的教学方式,高校思想政治教育效率显著提高。传统思想政治教育方法非常呆板,是填鸭式的教育方式,教学效果并不理想,无法做到因材施教。以书本上的知识作为教育内容,采用教育者向受教育者进行单相输出的教育方式,以黑板板书和记笔记为主,一般在教室内开展教学活动。此种教育模式很难获得受教育者的认可,同时无法激发教育者的主观能动性,被教育者的创造力也受到极大的制约。然而将教育活动与互联网相结合,此种状况发生了较大改变。教育者和受教育者可以通过多种渠道获取信息,信息内容也更加丰富,网络教学不受时间和空间限制,只要有网络就可以随时随地开展教学活动,这为高校开启思想政治教育新局面奠定了良好的基础。网络多媒体教学同时涵盖了文字、图像、声音与动态效果等,画面变得更加立体和生动,也增加了互动环节,从而吸引了学生们的关注。网络多媒体教学能够激发人的感知器官,对学生理解事物有很大的帮助,便于学生加深对事物的认识和理解。来自国外的一项测试结果证明,通过触觉、听觉与视觉学习的学生占比分别是37%、34%和29%。这说明习惯于采用单一感觉方法进行学习的学习者占比较大,同时也说明在全面调动感官的情况下,学习者的学习将更有成效。

网络能够有效结合高校思想教育和现代化传媒,借助优势能够让传统思想教育辐射范围扩大。在现代网络技术和思想政治教育结合越来越深入之后,在一定程度上改变了原来思想政治教育工作,不再是指令和号召教育模式,而是图文并茂的情感交流;不再是一刀切,而是多样化的分散方式;不再是单向灌输,而是双方交互式沟通。在校园受到网络文化影响持续增加后,高校也开始广泛使用多样化的网络技术,其中具备的科技含量和文化有了明显的提升,逐步提高了大学生的现代文化意识,也增加了大学生对现代化教育的渴求,为校园营造出良好的现代化教育氛围。随着信息技术尤其是信息网络技术不断发展创新,高校能够借助先进的多媒体进行思想政治教育工作,使思想政治工作的空间更加广泛,渠道也更加丰富。因此在开展思想政治工作的过程中必须全面发挥信息网络技术的优势,为顺利开展思想政治工作奠定基础。

二、网络文化给高校思想政治教育带来的挑战

在网络世界,每个人都有自由发挥的空间,都有平等交流的自由,但是五彩斑斓的互联网世界好比潘多拉魔盒,一旦魔盒打开,将带来意想不到的后果,这对高校网络多媒体思想政治教育工作提出了挑战。

(一)传统的思想政治教育方法受到挑战

思想政治教育能否达到预期,最核心的一个步骤就是教育方法。传统教学模式均以面对面教习为主,部分教育者还会与被教育对象进行谈心,或者是以座谈会形式进行,针对被教育对象的问题进行引导。这些方式均能够达到一定功效,然而依然有较多问题。比如,谈心和座谈会会受到时间和空间的限制,必须保证教育地点和时间合适,才能够发挥良好的教育效果,而要达到此目标难度较大。同时,教育时间需要较高的成本,教育者进行一次教学需要花费大量时间和精力准备,教学期间还需要控制、调控投影等多种教学设备,在一定程度上影响了时间利用率。最后,还有可能出现剧场效应。受大环境的气氛影响,教育工作者具有较强的感染力,有利于受教育者深化对事物的认识和理解,从而提高教育成效。可是一旦离开了教室这个教育场所,教育者对受教育者的影响力与感染力将明显削弱。

如今的大学生思想前卫、个性鲜明,率性而为是许多大学生的显著特征,强迫他们做自己不想做的事情是非常困难的。因此对于出生在互联网时代的大学生而言,枯燥乏味和填鸭式的教育方法已经过时。随着互联网技术在各个领域得到广泛应用,教育者应当

在开展思想政治教育工作时全面发挥网络的作用,考虑当代大学生的思想特点,切实掌握大学生的内心需求与利益诉求,使他们对思想政治教育的重要地位有深刻的认识,从而激发大学生的主观能动性,转变学习态度,培养学习兴趣,提高思想政治教育的学习效率。

(二)大学生的价值观受到挑战

在大学阶段,大学生逐渐形成属于自己的人生观、价值观与世界观。如今社会进入互联网时代,人们不断更新自己的思想观念,各种思想理念层出不穷。由于网络文化包罗万象,这对大学生的思想造成了较大冲击,导致很多大学生在人生的道路上迷失方向,致使三观出现问题。

大学阶段,大学生还未完全形成稳定的人生观、价值观和世界观,同时缺乏足够的能力对善恶是非做出准确地判断,无法有效控制自己的思想和行为,外界不良事物容易对大学生造成干扰。因此高校思想政治教育者必须对大学生的思想动态进行密切关注,及时发现大学生思想方面的问题,并进行沟通和疏导,引导大学生培养健康的心理,使他们养成积极乐观的心态,敢于面对困难和挑战,增强大学生的抗压能力,培养他们良好的思想品德。

(三)大学生的行为方式受到影响

人们常将"最熟悉的陌生人"用来形容网络世界中人与人之间的关系,之所以熟悉是因为日常频繁交流,可以真实地表达出自己的想法,与现实朋友进行比较,也许更愿意相信网络中的朋友。然而虽然相互之间有所了解,但是却不清楚对方的社会属性,比如年龄、职业,甚至是性别。网络社会本身具有人性化和数字化特征,大学生日常不得不每天因此面对大量的符号和数字,以至于在虚拟世界中迷失了自己,缺乏道德感和正义感,没有饱满的情感,更有甚者失去了最基本的道德判断能力。

有的大学生对网络依赖性过高,以至于疏远现实世界,而后陷入恶性循环中。人与人之间的交流变少后,会增加心理距离,进而人会产生低落的情绪和苦闷的情感,那么人与人之间本应该具备的真诚和信任便无法发挥作用。网络具有的虚拟特征和开放特征,让管理和控制难度增加,我国在此方面的法律法规尚不完善,以至于网络大门不经过"安检"便可以随意进出,以至于其中个体良莠不齐。如今,相关部门正在积极整改,加强监管力度,但是依然没有良好地限制网络上的完全"自由",以至于滋生了网络犯罪环境。如今互联网平台上出现了许多欺诈、诈骗、偷盗及传播病毒等有违道德的行为。大学生的意志力并不强,很难控制自己的思想和行为,犯罪分子进行诱导的可能性比较大,使其从而走上违法犯罪的道路。就网络犯罪而言,青少年深受电子毒品的侵害,但同时他们又制造了大量的电子毒品。因为在网络用户中,大学生的占比较高,他们是互联网的主力用户。为了使他们养成正确的三观,健康成长,高校学生思想政治教育工作者必须将大学生思想政治教育置于更重要的位置。

(四)思想政治教育工作者的权威性受到挑战

我国优秀传统文化始终将尊师重道作为核心,师者为人、传道、授业、解惑。教师拥有丰富的知识储备和众多信息,在学生看来,他们都是博学多才且崇高的。教育者借助此种优势,应在学生心中建立良好的权威,让学生崇拜和尊重自己,为未来教育奠定良好的基础。教育与网络结合之后,思想政治教育主体和客体之间能够对信息进行平等享有和交流,换句话说就是提供思想政治教育信息的可以是主体,也可以是接受者。那么,学生在相同信息面前,属于政治教育客体的同时,也能够将自己的观点和见解借助网络表达出来。这就要求高校思想政治教育者具备更多能力,而不再是传统教学模式中的说教者。从某种程度来说,网络如今成了大学生学习不同学科领域知识的对象,借助网络能够获得不同种类且最新的知识。因有更多渠道获取信息,学生能够接触到更广泛的知识和不同的观点,因此会在思想上对学生造成一定的影响,主要表现如下。

(1)更加全面地理解信息。大学生会将日常生活与网络结合,使用自己建立的判断力和价值观,从中选择自己认为对的部分,并不会被动地接受教育者所灌输的单一知识。

(2)多维度的思想。来自各个渠道的信息,大学生会主观地进行判断,不会因为听到一种知识就会改变自己的思维方式。所以在对待同一种知识或信息时,得到的结果和方式就会不同。

总的来说,传统模式下教育者建立的信息传播权威性已不在,却大幅增加了大学生的独立性和主观性。由于网络具有容量大和速度快等优势,大学生能够根据自身所需快速找到需要的信息,让先进知识武装自己。网络时代思想政治教育者,需要跟上时代步伐,在掌握思想教育专业知识的同时,还需要对网络技术熟练操作,确保能够借助网络技术来给大学生进行思想政治教育,也能够进一步加大对学生的说服力。进入到网络时代后,教育者不仅要拥有专业文化知识,还需要具备良好的计算机操作能力和相关知识。因此,基于网络文化环境,教育者要想将原有的权威延续,就需要提升教学效率和质量,这对于网络时代思想政治教育者而言,无疑是一次巨大的挑战。

(五)对大学生身心健康和辨识能力的挑战

因为网络对所有用户进行开放,而且未推行实名制,导致网络信息无须"检疫",网络用户可以自由发表信息。网络平台上存在各种各样的信息,许多抵制社会、与色情和暴力有关的信息也充斥其中,而且此类不良信息表现出有增无减的趋势。美国皮尤中心2009年12月进行的一项调查显示,美国17岁的青少年接收到裸照或色情短信的比例高达30%。全俄社会舆论研究中心一项调查显示,"性"和"色情"在俄罗斯未成年人互联网用户经常使用的搜索词中位于前10名。每天俄罗斯互联网站新增的以未成年人为拍摄对象的淫秽图片和视频就达200多个。俄罗斯相关专家评估,俄罗斯境内带有未成年人淫秽图片和视频的网站约20万个。瑞典的一项最新调查显示,有近45%的12~16岁瑞典青少年在上网时浏览过色情网站。在澳大利亚,警方曾花费6个月时间破获一起儿童色情网络传播活动,共查获100多万张儿童淫秽图像,涉案人员遍布170个国家,在澳大利亚境内逮捕了70人,其中包括教师、联邦警官和体育官员。这些含有不良信息的网站使青少年性犯罪率不断走高,正逐渐成为社会稳定和家庭幸福的严重隐患。

大学生尚未建立起稳定的自我控制力和判断力,极易被新鲜事物所吸引,网络上如暴力信息和黄色图片等不健康信息,对其心理健康造成了一定的负面影响。部分大学生因为网络新奇而十分留恋,认为相较于现实世界的残酷,网络世界更加令人向往,因此在其中花费了大量时间和精力,因而犯了网络孤独症或网络上瘾症等。2021年美国《华尔街日报》调查显示,脸书网站月活跃用户超过29亿,出现成瘾症状的脸书用户超过3.6亿。大学生过度依赖网络,以至于日常交流无法正常进行,严重影响了他们的思想道德和心理素质,也因此失去了积极向上的心态和乐观的生活态度。所以,采取何种措施才能够停止不健康网络信息侵蚀大学生心灵行为,属于当下思想政治教育人员重点研究的问题。

第三节 网络文化应用于高校思想政治教育实践

一、高校思想政治教育观念的创新

(一)树立民主意识

传统教育模式要求教育者以一定方式和目标,对被教育者进行引导,旨在获得预期效果。在此教育模式下,教师始终占据主导地位,让学生被动地接受知识。在大学生独立性和自主性越来越强之后,逐步扩大的社会交往范围,让其并不满足于被动地接受知识。网络时代赋予教育中主客体相同地位,也有可能出现被教育者掌握信息大于教育者的现象,这极大地压缩了教师的权威性。面对此种情况,高校呼吁政治教育者必须秉持正确的观念,对学生主体意识表示尊重和理解,在平台上与学生进行交流和互动,营造出良好的学习氛围。教师以积极和轻松的工作心态,与学生诚恳地交流,成为学生良师益友之后,正确引导学生,使其建立正确的人生观和价值观。

(二)树立信息资源意识

如今人类已步入信息化社会,在人类社会享有的众多资源中,最优势的资源就是信息,其中最庞大的信息资源库就是网络。随着网络文化体系不断完善,高校为了全面开展思想政治教育工作,必须对所需要的信息资源进行搜索、整理和研究。信息资源意识指的是在遵守网络道德和掌握网络特征与功能的基础上,对网络文化的影响力有充分的认知,对信息的真实价值做出客观评价,保证信息得到合理利用,最终养成一种能够敏锐感知信息的能力,并能够持久地关注信息。借助已有的信息资源对人类社会即将改造的人和事进行成功改造。高校开展思想政治教育工作必须紧密结合信息资源意识,即保证传统的思想政治教育知识与现代互联网技术深度融合,以符合当代大学生思维模式的思想体系对大学生进行教育。在网络用户中,大学生用户的占比较大,大学生的思想活跃,更容易接受和认可新事物,相比高校思想政治教育工作者,有些大学生占有的网络信息数量要大得多。因此高校的思想政治教育工作者应当不断强化自己的信息资源意识,加强网络知识学习,做到与时俱进,借助互联网不断提升思想政治教育的效果。

(三)树立开放化教育意识

克劳瑟是一位英国教育工作者,在其看来开放性教育就是开放教育观念、对象、方法和时空等。而在美国学者嘉科尼亚看来,开放性教育指的是教师对于学习性质和学生态度、信念的看法。在培养教师时坚持开放式教育原则,设置开放式的教学环境,即跨年级开放和空间开放等。教师对学生活动进行引导,而不是以指挥形式进行,学生要自我评估学习结果和目标。进入网络信息时代,大学生有更多渠道获取知识,拉近了与外界之间的距离,封闭式教育无法跟上学生的思想变化速度,也达不到思想政治教育目标。网络本身具有的开放性和共享性特征,要求思想政治教育者必须转变思想观念,接受开放式教育理念。随着开放的程度不断提高,高校将掌握更多信息资源,同时社会各界也会更加关注高校的发展,并对高校的发展给予大力支持。因此教育者应当利用好学校的政策,加强创新,发挥自身的创造力和潜力,开创高校思想政治教育新局面。思想政治教育工作必须在班级授课的基础上,通过多种途径与校园生活紧密地融合在一起。高校的教师可以承担思想政治教育的职责,与教育有关的各个行业的群体也能从事高校思想政治教育工作。综上所述,在网络时代背景下,应当坚持全民教育的原则,打破时空限制,全面开展思想政治教育,不断提高大学生的思想政治觉悟。

二、高校思想政治教育内容的创新

(一)增加"国际化"教育

全球经济一体化和网络的发展,让人们对生存环境中的公共事件关注程度越来越高,这紧密地结合了人类的命运和生存问题。基于网络文化这一背景,必须将国际化内容融入思想政治教育中,也就是在思想政治教育内容中添加一定的国际合作交流教育和国际礼仪等,让学生能够对其他国家的文化、政治和思维方式有一定的了解,能与国际友人良好地相处,对其他国家的文化和生活方式等表示尊重。让学生掌握国际方面的内容,对以生态为主的全球共同关注问题进行探讨,让他们能够珍惜和平,以提升我国在国际上的影响力。此外,对民族精神和民族文化给予高度重视,始终不改变中华民族精神的核心地位,让学生在开拓视野的同时,能够形成良好的价值观和清晰的头脑,将中国特色社会主义文化作为核心,能正确处理民族性和世界性之间的关系。

(二)增加时势教育

我国各个高校都有着明确的思想政治教育价值观和政治观,并以全球范围内不同行业的新闻事件作为教育内容。如今全球已步入互联网时代,整个世界就是一个"地球村",全球政治和经济发展形势瞬息万变,若不能及时掌握这些变化,我们将跟不上国际形势的发展。大学生是国家的栋梁和社会的希望,必须对国内外形势保持密切关注。

高校思想政治教育的内容非常广泛,包括使大学生了解真实可靠的国内外信息;教师结合自己所学的知识与经验对各种事务和现象做出准确地判断;教会学生学会分析事物的优势和弊端等。高校在开展思想政治教育工作的过程中应当在收集和整理宣传舆论方面多下功夫,采用多种方式开展专题教育,组织大学生进行讨论,使大学生明辨是非的能力得到提升。同时为了提高大学生对时势的敏感度和政策应变速度,高校必须开展时势教育,所有人都要完成"形势与政策"的课时学习,同时也应定期邀请政府机关或地方党政负责人对大学生做形势方面的报告。高校思想政治教育工作者在制订"形势与政策"教育教学计划时必须和全球最新形势及学生们关注的热点相结合,深入探究大学生因为互联网受到的不利影响问题,通过加强时势教育提高思想政治教育的效果,进一步增强大学生的政治觉悟,使其将来更好地适应和融入社会。

(三)增加"信念教育"

网络中多样化的价值观、道德意识和思想,会带给部分不成熟的大学生以错误认知。高校思想政治教育就是要让大学生用科学理论武装头脑,从而能够有能力辨别网络上、社会上的不良风气、海量信息,能够对祖国始终保持热爱。只有这样才能彻底解决大学生道路方向问题,确保大学生形成良好的思想道德品质。

(四)增加"情感教育"

不可否认,大学生心理和思想受到信息网络的影响是巨大的,网络让大学生拥有了更多的学习资源,也拓宽了眼界,让他们的生活更加丰富多彩。众多大学生面对网络上的各种信息,没有经过理性的思考和判断便将其吸收,极大地影响了大学生心理建设和思想发展。然而形成心理和思想并不可能一蹴而就,无法运用强制办法和特定标准来衡量,只有运用最柔软的情感来慢慢引导学生。马斯洛提出的需求层次理论,认为人类需求共有五个层级构成,从低到高分别是生理、安全、社会交往、尊重和自我实现。我国要强化和改进大学生思想政治教育,可对这一理论进行借鉴。高校思想政治教育者在观察大学生心理素质和思想状态时必须加强力度,要与大学生的思想变化共同变化,找到他们心底情感的诱因后,采取多样化措施尽可能地将其激发出来,确保其思想状态朝着正确方向发展,使其拥有健康的心理。不能一概而论,必须正确区分,对大学生思想问题更是应该高度重视。思想政治教育者对待晚辈应像对待家人一样,对他们进行主动且积极的关心,让他们表达出自己的观点。即使在对待部分问题时出现了不同观点,教师也需要对学生耐心地进行引导。长此以往,思想政治教育才会融入大学生生活中,通过正确的引导让大学生形成良好的思维方式。

(五)增加网络心理健康教育

网络具有开放性特征且不受地域限制,也就是说在没有任何监督且完全自由的环境下,人们进行沟通、交流和信息传递,以至于网络中充斥着类似于暴力和色情的不健康信息。华东师范大学的博士研究生杨治平的《大学生网络道德状况调查》报告显示,21%的大学生认为网络对自己的心理健康带来了负面影响。接受调查的大学生中,曾经浏览过色情网站的比例更是接近一半,为46%。大学生年龄正处于恋网成瘾的主要阶段,对网络中的虚拟信息沉迷之后,必定会对现实世界表示抗拒,感到疲累和痛苦,甚至出现自言自语的现象。因没有关注现实世界,也没有经常与他人往来,便感到现实世界很害怕,进而出现人际交往障碍症。类似于此种病症的还有网络孤独症和网络上瘾症等,这些对大学生的身心健康造成了严重影响,不利于大学生形成正确的人格和良好的处事态度。使大学生形成健全的人格是网络心理健康教育的首要任务,要培养大学生积极向上的性格,学会管理自己的情绪,形成健康的心理世界。心理健康教育的另一大重要责任是网络心理卫生知识,它可以提高大学生的自我保护能力。高校思想政治教育工作者应当对大学生上网心理、人际交往心理及网络心理障碍等网络心理问题进行深入探究,从而针对大学生制定一套科学的网络心理咨询方案。

三、高校思想政治教育方法的创新

(一)学习教育法创新

1.开展线上、线下相结合的混合教育模式

思想道德修养和马克思主义理论一直以来都是思想政治教育的主要内容,为高校政治教育发挥了积极作用。我国许多高校会在学校官网进行相关的思想政治教育内容的传播,但网站多存在内容不够丰富,党和国家的政策方针不全面,案例分析也不够生动,缺乏吸引力,这与大学生的日常生活脱节,很难调动大学生的学习积极性,导致这些网站的浏览量较低。所以为了打造具有吸引力的在线思想政治教育和传播方式,必须选择有创新和有新意的内容。

基于网络的广泛应用及新媒体背景,思想政治教育应在保障基本教学内容的同时,充分利用网络和新媒体等新载体、新技术,丰富教学方法和教学内容,让思想政治课程与时俱进,满足学生的学习要求,逐步实现思想政治理论课现代化教学目标。在线下教学基础上,同步开展线上教学模式,实现线上、线下相融合的混合式教学模式,其中线上主要以翻转课堂、慕课、在线录播课程及在线直播课程为主。在线直播课程,在新冠肺炎疫情防控期间取得了极大的成果和突破。此外,随着当前互联网的普及及 AI、VI 等虚拟现实技术的发展,许多学校开始有针对性地建设思想政治教学在线学习系统、App、思想政治学习资源素材库,甚至利用虚拟技术建立思想政治教育实践基地。线上、线下相结合的混合式教学模式,丰富了思想政治教学的内容和方式方法,提高了教学质量和效率,是高校思想政治教育发展的未来趋势。

综上所述,充分利用互联网、新媒体、大数据技术、数据挖掘技术及虚拟现实技术等,开展线上、线下相结合的混合教育模式是我国高校发展思想政治教育教学的必然趋势。然而由于目前思想意识、软硬件条件的欠缺,这一教育模式的开展依然需要注意以下几点问题。

(1)高举科学理论旗帜,掌握网络话语权。高校开展思想政治线上、线下教育模式,是为了更好地宣传科学理论及我国优秀传统文化,中国共产党的路线、方针、政策等。互联网背景下,大学生可以有效、便捷地获取大量有益信息的同时,也会受到相当多无关信息的冲击,因此,教师应高举科学理论旗帜,占据网络话语权,引领大学生更简单、更便捷、更自主、更有效地进行学习。

(2)顶层架构,统一规划,实现线上、线下教育的优势互补。线上、线下思想政治教育相辅相成,缺一不可,特别是在部分高校线上教育开展并不完善的时候,更不能忽视或是舍弃了传统的线下教育及思想政治实践教育。

(3)应尽快建立一支具备较高信息素质及技能的思想政治教育师资队伍。无论是线上教育还是线下教育,思想政治教育工作者始终扮演着主导性角色。因此,学校应多方投入,尽快建设一支多元化、专业化、高效化的师资队伍,包括专门从事思想政治教育教学的教师和资深辅导员,也包括相关新媒体文化宣传专职干部,充分运用新媒体,如微博、微信公众号、抖音平台、快手平台等,丰富大学生思想政治教育内容和传播途径。

2. 组织理论研讨

只有大学生转变学习观念,能够积极主动接受理论知识,才能够有效提升思想理论政治教育质量。有效结合社会热点和理论热点,开专题在网上进行讨论,结合实际来学习理论知识。学生对于传统模式下的思想政治教育内容感到枯燥乏味,只有改变理论教育方式,才能让学生在教学中主动起来,进而达到预期效果。如今,网络,特别是新媒体的发展,让学生们有了更方便、快捷的交流途径和沟通方式,其中微博、微信、短视频等方式为大学生们所喜爱。思想政治教育者可借助网络对学生思想进行了解,在与其进行交流的同时找出问题并进行有针对性的解决。此种全新的教学方式能够克服传统教学模式的枯燥,降低学生的理解难度。高校应组织类似于毛泽东思想研究社团等理论研究社团,借助网络形成交流平台。在一个轻松且活跃的平台上,学生和教师、学生与学生都能够进行积极的交流;推动不同社团进行竞赛,开展主题辩论并编撰文章,开展多样化的研讨会,丰富学生思想政治理论学习。此种方式,一方面能够让教学内容丰富多彩,另一方面能够拉近师生之间的距离,教师和学生必定会乐意接受此种教学方式。

(二)实践教育法创新

1. 建设班级 qq 群或是微信群

思想政治教育就是在不断实践的过程中积累经验,形成多样化的实践教育模式。大学生以班级形式存在,他们进行自我服务、自我教育和管理。高校在开展思想政治教育期间,以班级为中心来构建班级 qq 群或是微信群,创新思想政治教育模式。

(1)可以设置班级图标和班级口号等。将同学们日常生活中的先进事迹和日常心得等在群内定期发布,或上传空间,同学之间能够随时进行浏览,可起到大幅提升班级凝聚力和提升班级荣誉感的作用。

(2)教师应组织学生对网络上的相关资料进行搜索和整理,并以电子文档形式分享展示出来,在班级群内作为资源进行利用,让学生能够在和谐且健康的环境中学习知识,并互相督促,以建立良好的学习任务目标。以 qq 群或微信群共同分享、督促学习的方式开展思想政治教育工作,能够形成良好、和谐、健康的学习互动环境,一方面能够增加教育的针对性,节省时间;另一方面能够大幅提升思想政治教育的感染力和影响力。

2. 加强校园文化活动建设

校园文化中集合了众多种类的文化元素,包括人文环境、娱乐和科学等,其中具备的思想政治教育有非常明确的方向,表现出激励斗志和愉悦身心等多种优势,在感化大学生和陶冶情操等多个方面发挥了重要作用。可将大学生生活层次划分为三类,即大社会、校园和网络虚拟社会。为了真正实现高校高品质和学术性目标,就需要校园文化内容中聚集学术、科技、思想和文化等多种类型,确保整体氛围良好且和谐。在建设和谐校园期间,必须具备丰富的网络文化土壤,在逐步提升网络技术含量和品位之后,加快校园文化建设速度,以和谐校园建设为目标,树立和谐校园理念,打造一个优质的育人环境。

(三)宣传教育法创新

1. 发挥网络宣传优势

进入网络时代,高校政治教育者必须转变思想观念,对网络资源进行合理利用,做好宣传和先进思想文化传播等相关工作。思想政治教育,就是引导学生探讨问题并客观认识事实的过程。网络是传播信息的载体,传统媒体远远达不到其传播速度和影响范围。举例来说,2019 年 12 月开始的新冠肺炎疫情,国家在这次灾难中受到了严重损伤,媒体此时迅速行动,发挥自身优势,让人民群众能够第一时间看到真实、可靠的信息,这是面对灾难时利用网络力度和规模最大的一次。之后又借助网络渠道开始对疫情严重的地区捐款、捐物等,广大网民积聚力量,对疫情严重的地区给予帮助。高校充分整合校内报纸、杂志、广播、电视等传统传播渠道,以及微博、微信、短视频公众号等新媒体方式,跟踪实时报道疫情防控的各项消息,让大学生在校甚至是隔离在家时能够时刻知晓事实,提高爱国热情和民族凝聚力。此外,高校通过新媒体等多渠道,推广宣传疫情防控期间医护人员、志愿者的感人事迹,引导学生对热门话题进行讨论、沟通,同时引导学生自发宣传,让大学生能够以主人翁角色宣传思想政治教育,积极主动地参与到教育中,进一步提升思想政治教育的实效性和影响力。

2. 营造中华优秀传统民族文化的氛围

一直以来,高校发展始终将传承和宣传传统优秀文化作为自身重要职责。从文化中能够体现出一个民族的特征和个性,而对于一个民族而言,文化更是精髓和核心。我国有几千年的文化历史,在此期间沉淀了众多民族文化,其中不乏优秀且具有特色的文化类型。对此进行传承,对于中华民族伟大复兴梦而言意义重大。近年来,网络逐渐覆盖了人们的生活,多样化的文化和思想充斥在大学生身边,部分传统文化逐渐淡化,甚至有了遗失的迹象。在此背景下,对大学生进行正确的教育至关重要,使其能够正确认识并认同优秀传统文化和民族文化,而这也是高校政治教育的主要目标之一。在此期间,必须有效结合思想政治教育的历史性、真实性以及民族性,同时也需有效结合中华民族伟大复兴的目标和经济全球化的形势,让大学生能够按照正确的政治和思想方向前进。高校要保证思想政治教育效果,就必须采取多样化措施丰富教育方式,营造良好的学习氛围。如高校可以根据时事热点等开展相关主题活动,在讨论的同时,能够将中华优秀传统文化渗透到大学生头脑中。引导大学生正确认识优秀传统文化,认识对民族文化进行保护和传承的重要性,从而使大学生能够具备抵御不健康信息的能力。借助网络将我国优秀传统文化传播开来,提高我国在世界上的地位,进而弘扬和发展我国特色文化。

(四)榜样示范法创新

1. 开设网上榜样示范区

人们将榜样作为日常生活思想和行为的标杆,也是个人或组织期望未来发展的方向。榜样的作用就在于引导人们和激励人们。基于此,高校可以利用新媒体等方式设置榜样示范区,可以是大学生日常生活中尊老爱幼、热心帮助他人的事迹,也可以是古代励志故事或名人轶事,让大学生在增强民族自豪感与文化自信的同时,为大学生的日常行为和思想树立榜样和标杆,引导大学生形成正确的人生观和价值观。微博、微信,短视频等新媒体形势,是大学生最熟悉且喜闻乐见的沟通交流方式,因此,利用新媒体开展榜样示范能够更加容易获得大学生的认可,让学生有学习和看下去的欲望。构建新媒体榜样示范区,让学生可以随时随地、打破时空桎梏、利用碎片时间,就从先进事迹中获得前进的力量,并在潜移默化下形成良好的人生观和价值观。要发挥榜样的持久力量,最核心的点就在于实事求是。歌颂榜样先进事迹的同时,也需要将其作为凡人的一面如实地体现出来。也就是说榜样具有良好的品质,经历了从苦难到辉煌的整个过程,没有被负面情绪打倒,而是积极努力向前。在介绍时需要重点展示榜样如何克服困难、形成良好品质的过程,从而拉近与学生之间的距离,学生也能够更加容易接受。此外,讲座或分享会也可以录播或线上直播的方式,让现实生活中的榜样与大学生分享自己的经历,以激励大学生。新媒体榜样示范区,就是为了让大学生的心灵能够得到模范行为的感染,面对困难能够积极主动地去克服,形成坚忍的意志,能够直面困难,勇于探索。

2.建立高水平的思想政治教育"示范"队伍

对于大学生而言,高校思想政治教育者就是最直接的榜样,因此不能忽视教学者的示范作用。高校打造出一支有优秀作风和极强政治的团队,就意味着为做好思想政治工作打好了基础。网络时代下,思想政治教育者必须具备的能力相较于传统模式必然更多,同时还需要做到政治立场坚定、有丰富的理论知识和良好的思想品德等。在政治立场确定之后,才能确保在纷杂的网络信息中始终按照无产阶级党性原则前行。只有政治理论水平达到一定高度,才能够在思想政治教育中引导和教育他人;只有道德品质优良,才能够在学生心中树立良好的形象和威信;只有在工作和生活中做到事实就是,才能与全新的环境和形式相结合,进而打造出思想政治教育良好局面。提升高校思想政治教育者的网络和相关设备、软件的运用水平,是目前急需要解决的问题,这与能否利用网络平台做好思想政治教育工作存在直接关系。如今,各个高校都以自身实际情况作为出发点,有条不紊地推进思想政治教育者网络技术应用培训工作。此外,高校政治教育者必须与时俱进,重视对新教学技术方法的学习和应用,有良好的学习意识,一方面要有过硬的专业知识,包括马列主义思想等;另一方面还需要不断学习与思想政治教育有关的知识,如心理学、社会学和伦理学等。进入网络时代,思想政治教育双方都必须转变观念,要求教育者必须有丰富的思想政治教育知识,还需要跟上时代发展的脚步。换句话说,就是只有思想政治教育者能够与时代发展共同进步,才能以大学生的榜样身份激励和引导学生;只有逐步提升教学团队整体水平和素质,提高思想政治教学效率和质量的目标才能得以实现。

(五)批评教育法创新

1.开通网络批评通道

批评实际上是一个双方互动的过程,在这个过程中双方交流各自的观点和看法,同时人格发生碰撞和分享各自的经验。泰戈尔曾经说过:"粗糙的石块能够变成漂亮的鹅卵石并非是铁器的敲打,而是水流日夜冲刷的结果。"这句话就是对批评的最好方式的注解。如今的大学生思想活跃,容易接受新鲜事物,特立独行,一旦犯错,教育者进行严厉批评和指责的做法是不可取的,应当把他们当成自己的亲人一样对待,学会换位思考,以一种包容的心态理解和感受大学生的心情,使大学生切实感受到来自教育者的关怀。此种如沐出风般的批评能够使学生容易接受,从而真正认识到自己犯下的错误,并积极改正,做到与教育者以真心换真心,建立起融洽的师生关系。培养优秀的社会主义接班人是我国高校的重要职责,因此促进学生成长与发展是学校所有教育活动的宗旨。按照传统的批评方式,教育者找机会和学生单独进行面对面交谈,或者在课堂上对学生犯下的错误进行当面批评,这根本不考虑学生的感受和情绪。此种批评方式导致学生与教师之间的关系比较紧张,学生易背负沉重的心理负担。随着互联网的全面普及,为批评教育带来了福音,高校可以借助网站、微博、微信、短视频公众号等多种方式自由发表自己的态度和观点。借助以上各种沟通方式,大学生以发牢骚的形式将自己犯过的错和说错的话进行发泄,使得教学者和其他同学对该同学最近的表现和心理状态有更直观地了解,从而采取有效的心理辅导手段。大学生还可借助网络认真反思自己的错误,进行批评和自我批评。广大的高校思想政治教育工作者应当在日常管理工作中全面发挥网络的作用,发挥自身的主观能动性,增强大学生的批判意识,开展积极的批评和自我批评。

2. 协调系统环境,开通多种"批评"渠道

网络思想政治工作并不可能一蹴而就,需要花费大量的时间和精力,同时还需要家庭、社会和学校的积极配合,打造出一个全方位的思想政治工作管理制度,以技术、法律和行政等措施来对网络信息源头进行良好的控制,营造出一个安全、干净、整洁的网络环境。思想政治教育本质上属于社会教育的一部分,在确定教育内容和选择教学时机等方面,都会受到社会环境等相关因素的直接影响。进入到网络时代,各个国家和地区的文化和思想都会在一定程度上影响大学生。对于不同主体和倾向的文化知识,以非常快的速度传输给大学生,传播频率和途径都在快速地变化,教育背景和环境也出现了极大的改变。此时我国也正在积极改革高等教育,以至于原来的社会界限越来越模糊。面对此种情况,思想政治教育者单方面的教育已经无法满足社会发展需求。大学生在成长过程中会逐步形成独立意识,并不会像之前一样完全按照思想政治教育者方向前进,对于思想政治教育者的批评也会从心理上进行一定的反驳。因此,高校思想政治教育者必须营造出一个优质且监管到位的教学环境,在家庭、社会和学校的支持和配合下,借助网络构建出一个健全的教学架构,做好大学生批评教育工作。要保障社会和谐发展,就必须打造出一个健全的思想政治教育系统,对社会、家庭和学校等组织的教育积极因素进行合理利用,为大学生学习思想政治教育打造一个优质的环境。

(六)疏导教育法创新

1. 开设网络心理咨询室

最近几年各行业竞争压力加大,大学生也面临着严重的就业压力,处于亚健康的大学生占比较高,其中有部分大学生从来不会在生活中展示自身的心理问题。面对此种情况,非常需要创新网络心理知识普及和心理辅导办法,结合大学生出现的心理问题,有针对性的解决,引导其形成健康的心理。大学生思想政治教育目标中有一个非常重要的部分就是,切实提升大学生心理素质,使其能够直面困难、笑对生活。传统心理咨询往往采用面对面的形式治疗,部分大学生错误地考虑诸多因素之后,并不愿意将自己真实的想法吐露出来。网上心理咨询能够让大学生不再顾虑现实当中的障碍和距离,能够将自身真实身份隐藏起来,吐露自己的心声,这对于治疗心理疾病而言是一种极好的环境。将部分合适的思想政治教育融入网络心理咨询中,以科学的人生观和价值观为中心,能够降低解决大学生心理问题的难度,使其直面心理障碍。高校开展心理咨询活动,必须坚持做到以人为本,最大限度地激发大学生的热情和主动性。一方面能够让大学生积累到更多的专业知识;另一方面能够使大学生形成良好的人生观,做到自我实现和自我规划等,以提升大学生的修养。在具体实践中必须做到下列几点。

一是,借助网络扩大心理健康宣传,让大学生意识到心理问题会对自己造成危害。心理咨询期间,可采用大量例子来论证自己的道理,让大学生能够自我判断是否存在心理问题和障碍,找到对应的处理办法。

二是,以主题活动形式展开。此种方式能够让大学生有更加清晰的认知,认识到与理想之间的距离、承受挫折的能力,而不会因为结果与预期不符而感到过度失望。

三是,网络心理咨询需要对个体心理特征和网络特征结合起来,设置网上大学生心理档案,进而结合实际问题进行针对性的治疗。

2. 增强网络法治和网络道德的正确引导作用

所谓疏导教育法就是有效结合"疏"与"导"的一种显性教育办法。此种方法的优势在于大学生容易接受、快速沟通、有较强的针对性及能够合理把控思想政治教育。不能将思想政治教育理解为将部分人放在一个屋子里讨论概念,而是需要使其真正成为学生寻找思想武器的根源。对人类行为进行调整,道德和法律属于两种极端。我国有关网络的法律尚未健全,因此需要网络道德教育辅助法律,来规范大学生的网络行为,由此可以看出进行网络道德教育是非常必要的。由于社会舆论影响力较大,因此要求人们具备强烈的道德意识,从而约束自身行为,但是部分行为与个体意愿并不相符,那么就可以将此类道德理解为他律道德,就是建立在"熟人"目光下的道德防线,其中掺杂着舆论、感情和他人的目光。网络具有隐蔽和虚拟特征,也就无法发挥出传统道德防线作用。没人管和干预个体行为,因此网民在网络上为所欲为,不约束自身的言行,对于纷杂的信息不主观上进行判断,便随意下结论,对自身的网络自由和权利不进行合理利用,甚至是滥用。在此种情况下,难免会出现诽谤、剽窃学术成果和出言不逊等非道德行为,部分网民行为甚至超出了法律红线。对于这些情况,个体道德自控和水准已经无法发挥作用。思想政治教育者必须对网络发展趋势和网络上的相关社会问题给予高度关注,有效结合实际和思想政治教育。高校思想政治教育必须将网络道德教育作为重要组成部分,并列入计算机等级考核和德育考核当中。国外高校通常高度重视网络道德教育,其中代表性较强的是美国杜克大学开设的伦理道德学和国际互联网络。由于监督不到位,部分个体为了获得不正当利益或者是得到某种刺激,从而产生了网络犯罪。对此,必须有效结合法治教育和网络传播途径,借助网络来开展多样化的法治教育活动和道德主题活动,良好地引导大学生规范自己的网络行为。网络道德教育必须将激发大学生主体意识作为重要目标之一,让其能够在网络中主动掌握自己的真实身份,积极学习道德规范,对自己日常生活行为和网络行为进行约束与规范。让大学生形成良好的自律能力,这属于解决大学生广泛存在的失范行为的最有效方式之一。大学生认识网络,普遍理解为掌握和运用网络知识,很少理解为网络法律和网络道德。对于部分网络违规行为,最有效的处理方式就是开设网络法治课程,抑或是将网络法治教育内容加入法律基础课程当中,让大学生理解有关网络的法律,如《计算机信息网络国际联网安全保护管理办法》《中华人民共和国计算机信息系统安全保护条例》《互联网上网服务营业场所管理条例》《互联网用户公众账号信息服务管理规定》及《中华人民共和国刑法》《中华人民共和国民法典》《中华人民共和国保守国家秘密法》等相关条款。在此基础上,还需要设置网络法治教育平台,向大学生讲解法院和公安局等单位处理的案例,从而正确理解网络违规行为的概念和延伸。最后,进行网络访谈。高校应结合实际案例对大学生讲解法律制度,比如公安局和法院日常处理的鲜活案例等。与此同时,还需要设置规章制度,约束大学生的网络行为,并惩罚不法网络行为,奖励合理使用网络的典型。将学生综合素质评分与网络违规行为相结合,进而有效约束大学生的网络行为。总的来说,借助互联网开展法治教育和道德教育,让学生能够形成正确认识网络道德并规范自身行为。作为祖国接班人和建设者,大学生必须做到德、智、体、美、劳全面发展。

结 语

社会主义文化的大发展、大繁荣给思想政治教育带来了新的发展机遇。伴随着思想政治教育文化性的日益彰显,思想政治教育的文化学范式成为学界研究的一个热点。马克思曾提到:"人们创造自己的历史,但是他们不是随心所欲地创造,并不是在他们自己选定的条件下创造,而是在自己直接碰到的、既定的、从过去继承下来的条件下创造。"人类文化的发展向来都伴随着人类社会的发展,思想政治教育属于人类文化发展历程中的关键组成部分。从文化视角研究思想政治教育,使思想政治教育回归到其本然状态,即人文精神与人的主体特性,从而有助于实现文化自觉,自觉地展现出其实际作用。本书在对文化和高校思想政治教育进行理论分析的基础上,从中华优秀传统文化、红色文化、校园文化、网络文化几个方面讨论了文化视野下的高校思想政治教育实践,以期抛砖引玉,为高校思想政治教育创新发展提供参考,以推动思想政治教育改革,为社会主义文化发展、繁荣做出贡献。

参 考 文 献

[1] 刘迎光.文化视阈中的思想政治教育研究[M].北京:经济日报出版社,2021.
[2] 冯辉.文化概论[M].北京:中国言实出版社,2014.
[3] 徐燕丽,王竹松,刘安妮.传统文化与思想政治教育研究[M].长春:吉林出版集团股份有限公司,2020.
[4] 石国亮.高校思想政治教育创新指引[M].北京:中国言实出版社,2007.
[5] 沈壮海.思想政治教育的文化视野[M].北京:人民出版社,2005.
[6] 程水源.改革 创新 质量:黄冈师范学院教育思想观念大讨论论文荟萃[M].武汉:湖北人民出版社,2007.
[7] 高庆.多元文化背景下高职生思想政治教育研究[M].沈阳:辽宁大学出版社,2007.
[8] 边建强,赵洁.特色企业文化实务与成功案例[M].北京:当代世界出版社,2008.
[9] 李春.高校思想政治教育概论[M].石家庄:河北教育出版社,1989.
[10] 宋阳.思想政治课建设与人文素质塑造有机结合[N].中国社会科学报,2019-08-26(8).
[11] 黄超,丁雅诵.培养担当民族复兴大任的时代新人[N].人民日报,2021-12-10(1).
[12] 尚进.红色文化融入高校思想政治教育的思考[N].中国文化报,2021-11-19(3).
[13] 宋阳,李程.提高大学生思想政治理论认知[N].中国社会科学报,2020-12-17(6).
[14] 王洛忠.做好大学生思想政治教育的根本遵循[N].中国青年报,2020-11-23(5).
[15] 李璟.找准思想政治教育创新发展的着力点[N].解放军报,2020-08-10(7).
[16] 杨国栋."红色文化"融入大学生思想政治教育研究[D].沈阳:沈阳农业大学,2016.
[17] 孔凡頔.以校园文化推动高校思想政治教育研究[D].长春:吉林大学,2017.
[18] 徐怀玲.传统文化融入高校思想政治理论课研究[D].兰州:兰州交通大学,2020.
[19] 尹楠.高校思想政治教育内容的现代创新研究[D].芜湖:安徽工程大学,2019.
[20] 周镭.网络文化视野下高校思想政治教育工作创新研究[D].太原:中北大

学,2011.

[21] 张翠平.中华优秀传统文化对高校思想政治教育的价值与实现路径[D].南昌:南昌大学,2018.

[22] 孙俊.中华优秀传统文化融入高校思想政治教育研究[D].扬州:扬州大学,2018.

[23] 陈兰兰.校园文化在高校思想政治教育中的作用研究[D].济南:山东大学,2016.

[24] 卫娜星.大学文化视野下的高校思想政治教育研究[D].西安:陕西科技大学,2019.

[25] 李林.关中红色文化视野下高校思想政治教育的研究[D].西安:西安工业大学,2014.

[26] 郑重.高校网络文化视野中的思想政治教育[J].黑龙江高教研究,2005(8):88-90.

[27] 廖女男,娄坤,李星.网络文化视野下高校思想政治教育的创新发展[J].中国高等教育,2011(19):56-57.

[28] 陈俊杰.校园文化视野下高校思想政治教育探讨[J].教育与职业,2015(6):36-37.

[29] 罗丽琳,蒲清平.红色文化的思想政治教育基因及其时代价值[J].新疆师范大学学报(哲学社会科学版),2018,39(6):45-52.

[30] 徐永健,李盼.试论红色文化资源与大学生思想政治教育的内在关联[J].思想教育研究,2016(12):84-88.

[31] 冯留建,刘国瑞.新时代高校思想政治教育内容创新研究[J].学校党建与思想教育,2018(14):4-8.

[32] 彭喜保.新常态下高校思想政治教育理念的转变与创新[J].社科纵横,2016,31(8):164-167.

[33] 陈冬.习近平在福州工作期间的高校思想政治教育理念及指导意义[J].理论建设,2020,36(5):94-98.

[34] 蔡震宇,薛勇.国家治理视域下高校思想政治教育理念创新研究[J].黑龙江高教研究,2020,38(6):118-121.

[35] 吕春艳.高校思想政治教育载体创新研究:基于新媒体传播红色文化的视角[J].湖北函授大学学报,2018,31(16):15-17.

[36] 周明鹏.党史教育资源融入高校思想政治理论课的价值审思[J].内蒙古师范大学学报(教育科学版),2021,34(6):55-59.

[37] 李洪岩."圈层化"背景下高校网络思想政治教育的有效接受研究[J].佳木斯大学社会科学学报,2021,39(6):81-84.

[38] 王湘云.新时代高校党建与思想政治教育协同发展研究[J].晋中学院学报,2021,38(6):1-6.

[39] 胡刚.人工智能与高校思想政治教育话语权建构的融合创新研究[J].黑龙江高教研究,2021,39(12):92-98.

[40] 闫树,李良栋.论高校网络思想政治教育话语权的提升[J].武汉理工大学学报(社会科学版),2021(5):135-140.

[41] 冷娟."隐性教育"模式融入高校思想政治教育路径研究[J].内蒙古财经大学学报,2021,19(6):48-50.

[42] 朱琳.新媒体场域中高校思想政治教育的语境创设[J].学校党建与思想教育,2021(22):14-16.

[43] 孔建华.红色文化资源融入高校思想政治教育的创新策略[J].湖北师范大学学报(哲学社会科学版),2021,41(6):140-145.

[44] 代羽."互联网+思想政治教育"创新策略选择研究[J].黑龙江教育(理论与实践),2021(11):31-33.

[45] 郭明净.大数据视域下地方红色文化融入高校思想政治教育路径探析[J].黑龙江工程学院学报,2020,34(1):71-75.